Falk Laue
Kathleen Köhler

Wir
vom Jahrgang
1946

Kindheit und Jugend

Impressum

Bildnachweis:

Umschlagrückseite: Privatarchiv Laue, Vorderseite o: Privatarchiv Rose, u: Privatarchiv Kelling
ullstein bild-ullstein bild: S. 6, 7, 9, 23, 30, 45, 63; ullstein bild – Erich Engel: S. 8; Privatarchiv Rose:
S: 10, 11 l., 16, 22, 43 o., 61; Privatarchiv Laue: S. 11 r., 14, 13, 15 u., 17, 19 (2), 21 (2), 22 o. (2),
24 o., 25 o., 29, 34, 34, 38, 39 (2), 40 o., 44 u., 46, 47, 52-57; Privatarchiv Kelling: S. 14, 15 o., 18, 22 u.,
24 u., 25 u., 26 (2), 27 (2), 28 (2), 35, 40 u., 41, 42, 44 o., 58, 62 (2); ullstein bild – Klaus Winkler:
S. 33, 51; ullstein bild – DHM/Schwarzer: S. 37; ullstein bild – Ria Novosti: S. 43 u.; ullstein bild – Jens
Köhler: S. 49; ullstein bild – Gadewoltz: S. 59

Wir danken allen Lizenzträgern für die freundliche Abdruckgenehmigung.
In Fällen, in denen es nicht gelang, Rechtsinhaber an Abbildungen zu ermitteln,
bleiben Honoraransprüche gewahrt.

4. Auflage 2020
Alle Rechte vorbehalten, auch die des auszugsweisen
Nachdrucks und der fotomechanischen Wiedergabe.
Gestaltung und Satz: r2 | Ravenstein, Verden
Druck: Druck- und Verlagshaus Thiele & Schwarz GmbH, Kassel
Buchbinderische Verarbeitung: Buchbinderei S. R. Büge, Celle
© Wartberg-Verlag GmbH
34281 Gudensberg-Gleichen • Im Wiesental 1
Telefon: 056 03/9 30 50 • www.wartberg-verlag.de
ISBN: 978-3-8313-3146-8

Liebe 46er!

Ich gehöre zur Generation der Nachkriegskinder. Meine ersten Lebensjahre waren entbehrungsreich. Obwohl ich mich kaum an diese Zeit erinnern kann, haben sich die von Eltern und Großeltern immer wieder erzählten Geschichten mit meiner kindlichen Intuition vereint. In der durch nichts zu ersetzenden Wärme und Geborgenheit einer intakten Familie durfte ich eine schöne Kindheit und Jugendzeit genießen. Geprägt von den bestehenden gesellschaftlichen Verhältnissen in der Zeit von 1946 bis 1964 entwickelte ich mich vom Kind zum Erwachsenen. Das war nicht immer einfach, dennoch sind meine Erinnerungen überwiegend positiv. Meine, unsere Welt, war wie sie war. Vergleichsmöglichkeiten hatten wir ohnehin nur wenige. Jedenfalls damals.

Ich weiß, dass mein Lebenslauf insgesamt recht positiv ausfällt. Ich weiß aber auch, dass es für viele andere härtere Kinder- und Jugendjahre gab. Auch das ist auf den folgenden Seiten nachzulesen. Dieses Buch vereint die Erinnerungen mehrerer 1946 Geborener und zeigt, dass die Lebenserfahrungen sehr verschieden sind. Denn unsere Umgebung, die Menschen um uns, Familien, Lehrer, Freunde haben uns in unserer Entwicklung unterschiedlich geprägt. Dieses Spektrum versucht das vorliegende Buch zu vermitteln. Sie als Leser werden sich vielleicht irgendwo in den Kapiteln mit eigenen Erinnerungen wiederfinden. Dabei wünsche ich Ihnen viel Freude!

1946-1948

Wir, die ersten Nachkriegskinder

Überlebenstraining schon in den ersten Lebenstagen

Wir sind die ersten Nachkriegskinder, gezeugt während des Siegestaumels der vier Mächte und der Endlich-ist-der-Krieg-zu-Ende-Stimmung. Hineingeboren in eine Zeit, die zunächst offen ließ, was jetzt kommt, in der jedoch kein Platz mehr zu sein schien für weitere Entbehrungen. Umso mehr dafür für menschliche Wärme, Zärtlichkeit und die Freude, am Leben zu sein. Unsere Eltern hatten sich im Krieg oder später auf der Flucht kennengelernt und sich der Hoffnung hingegeben, das Schlimmste nunmehr überstanden zu haben.

Geboren wurden wir zu Hause, in der Nachbarschaft oder eben dort, wo es noch halbwegs trockene Räume mit ganzen Fensterscheiben gab. Nur die Starken und Robusten unter uns hatten eine Chance, dieses erste Lebensjahr zu bewältigen. Besonders schwer traf es diejenigen, die im verheerenden Winter

Chronik

19. Januar 1946
In den Kinos der sowjetischen Besatzungszone startet „Der Augenzeuge" – die erste
deutsche Wochenschau seit Kriegsende.

7. März 1946
Die Freie Deutsche Jugend (FDJ) wird
gegründet. Ihr folgt Mitte April 1946 der
Gründungsparteitag der Sozialistischen
Einheitspartei Deutschlands (SED).

15. Oktober 1946
Der erste deutsche Nachkriegsfilm „Die
Mörder sind unter uns" von Wolfgang
Staudte erlebt seine Uraufführung.

20.–24. September 1947
Auf dem 2. Parteitag der SED fordert der
stellvertretende Parteivorsitzende Walter
Ulbricht in Berlin die Einführung der
Planwirtschaft in der sowjetischen Besat-
zungszone. Die SED soll nach Vorbild der
sowjetischen KPdSU in eine „Partei neuen
Typs" umgewandelt werden.

20. November 1947
In London heiratet Prinzessin Elizabeth, die
spätere Königin Elizabeth II. von Großbran-
nien, Oberleutnant Philip Mountbatten.

18. Dezember 1947
Der Thüringer Landtag spricht sich für die
Abschaffung des Abtreibungsparagraphen,
§ 218 des Strafgesetzbuchs, aus und fasst
einen entsprechenden Beschluss.

30. Januar 1948
Der geistige Führer der indischen Unabhän-
gigkeitsbewegung Mahatma Gandhi wird
ermordet.

23. April 1948
In der sowjetischen Besatzungszone entsteht
die „Vereinigung Volkseigener Betriebe"
(VVB).

26. Juni 1948
Als Antwort auf die Berlinblockade der
Sowjetunion beginnen Briten und Amerikaner
mit der Versorgung Westberlins mit Waren
und Lebensmitteln über die Luftbrücke.

13. Oktober 1948
In Zwickau übererfüllt der Bergmann Adolf
Hennecke sein Tagessoll an Steinkohle mit
387 Prozent und gibt damit den Startschuss
für die Aktivistenbewegung in der sowjetischen Besatzungszone.

1946/1947 das Licht dieser Welt erblick-
ten, einem der kältesten Winter des
Jahrhunderts. Nicht genug damit, dass
der Krieg allerorts Zerstörung, Hunger
und Hoffnungslosigkeit hinterlassen
hatte. Nein, das Wetter setzte noch
richtig eins drauf. Nach den viel zu
trockenen Sommermonaten mit erhebli-
chen Ernteeinbußen im ersten Nach-
kriegsjahr bedrohte wochenlange eisige
Kälte mit Temperaturen von zum Teil
minus 20 bis 28 Grad unser zartes
Leben. Die Menschen starben an
Unterernährung und Kälte. Rings um
uns sind manche sogar in ihren Betten
erfroren. Unsere Mütter erzählten später
davon, wie sie selbst in der Wohnung
ihren Atem sehen konnten, weil es dort
so kalt war.

Damals gab es diesen schrecklichen
Spruch, der sich zunächst leider
bewahrheitete: „Kinder, genießt den
Krieg, der Frieden wird furchtbar."
Natürlich bekamen wir all das nicht mit.
Wir forderten wie alle Babys schreiend
unsere Nahrung und ließen uns nur
schwer ruhigstellen, wenn die Mütter
mangels eigener Nahrungsaufnahme
keine Milch für uns hatten.

Hunger tut weh

„Damals dachten wir alle von früh bis
spät nur ans Überleben", erzählten
uns die Erwachsenen später. Auch,

dass Hunger wehtut. Aber das haben wir ja in unserer frühen Kindheit noch am eigenen Leib erfahren. Oft waren die Mütter allein für uns verantwortlich, weil unsere Väter im Krieg geblieben waren oder noch immer als vermisst galten. Der tägliche Überlebenskampf bestand im Wesentlichen in der Nahrungsbeschaffung. Die Lebensmittelmarken reichten nicht hinten und nicht vorne. Auf die Kinderkarte – die Karte Nummer 4 – gab es zum Beispiel 300 Gramm Brot am Tag. Angehörige der Intelligenz bekamen täglich nur 250 Gramm Brot. Schwerarbeiter hatten das Anrecht auf 500 Gramm. Später sollten wir schnell begreifen, wie klein ein solches Stück Brot war, das den ganzen Tag reichen musste. Jeden Morgen schnitt Mutter die Tagesration ab. Übel dran waren diejenigen mit der Lebensmittelkarte Nummer 5. Im Volksmund die Sterbekarte, weil die Ration zum Leben zu wenig und zum Sterben zu viel war. Auf die Nummer 5 gab es überwiegend Getreideerzeugnisse.

Obst war in den Städten ein Fremdwort. Abgesehen von einer Sonderzuteilung für uns Kinder bis zu fünf Jahren. Das war zu Weihnachten. Ein Kilo Äpfel.

Hamsterfahrten von der Stadt aufs Land auf dem Dach eines überfüllten Zuges.

Jeder Kuh die eigene Couch

Da hatten es die Bauernfamilien auf dem Land besser. Gut dran waren die Städter, die etwas zum Tauschen hatten und damit aufs Land fahren konnten. Getauscht wurde immer Ware gegen Ware. Und zumeist Ware gegen Lebensmittel. Bettzeug gegen Kartoffeln und Obst. Ein erhalten gebliebenes Grammofon gegen ein Stück Fleisch. Den Bauern würde nur noch ein Teppich für den Kuhstall fehlen, sagte Mutter damals. Unter den Erwachsenen kannte man zudem den Spruch „Jeder Kuh die eigene Couch".

Die Bauern hatten gut reden. Sie waren Selbstversorger und ihre Höfe erschienen uns Kindern damals als Schlaraffenland. Beim Bauern wurden die Stullen mit Butter bestrichen. Manchmal haben wir uns für unsere Tauschobjekte dort einfach nur ordentlich den Bauch vollgeschlagen, um dann mit leeren Taschen heimzukehren. Gerade im Winter 1946 fuhren die Leute aus der Stadt scharenweise hinaus aufs Land.

Trümmerfrauen in Berlin.

Trümmerfrauen

Unter unendlichen Mühen und körperlichen Strapazen haben sie Steine aus riesigen Schutthaufen und von Ruinen geborgen, abgeklopft und mit schweren Schaufeln auf Pferdewagen verladen – die Trümmerfrauen oder offiziell Hilfsarbeiterinnen im Baugewerbe. Allein in Berlin gab es 60 000 von ihnen. Die Schuttmengen im kriegsgebeutelten Deutschland des Jahres 1945 wurden auf mehr als 400 Millionen Kubikmeter geschätzt.

Die Arbeit der Trümmerfrauen bestand darin, aus Schutt Ziegelsteine für Neubauten zu gewinnen. In einer Personenkette wurden diese zunächst von Hand zu Hand aus den Ruinen an den Straßenrand weitergereicht, um sie dann mit einem Maurer- oder Putzhammer von Mörtelresten zu befreien. Die gesäuberten Steine mussten nach genauen Vorgaben aufgeschichtet werden: 16 Stück in einer Fläche, jeweils 12 Stapel übereinander und abschließend ein Mittelhäufchen von 8 Stück – so ergaben sich 200 wiederverwendbare ganze Ziegel. Aufbereitet wurden auch halbe Ziegel sowie Balken,

Stahlträger, Herde, Waschbecken, Toilettenbecken, Rohre und so weiter. Was am Ende übrig blieb, wurde von den Frauen auf Schubkarren, Pferdewagen und Feldeisenbahnen (die sogenannten Trümmerbahnen), Lastautos oder Arbeitsstraßenbahnen zum Abtransport geschippt.

Die alliierten Besatzungsmächte – USA, Frankreich, Großbritannien und die Sowjetunion – hatten Befehle herausgegeben, wonach alle Frauen zwischen 15 und 50 Jahren sich zu dieser Arbeit zu melden hatten. Belohnt wurden ihre Mühen mit der besseren Kategorie 2 im fünfstufigen Berechtigungssystem der Lebensmittelzuteilungen, auf das viele der Frauen dringend angewiesen waren. Denn oft waren sie die Einzigen, die auf diese Weise eine ganze Familie, die nur noch aus Großeltern, Frauen und Kindern bestand, zu ernähren hatten.

1. bis 3. Lebensjahr

Wohnen im zerbombten Berlin. In einer Notwoh-
nung wird gekocht und sich aufgewärmt.

Graupen, Kohl und Haferflocken

Zu unseren ersten kulinarischen Erinnerungen gehören Graupen, Kohl und
Haferflocken – und zwar ganz grobe. Unsere Mütter zauberten daraus mit ganz
wenig Fett und Zucker in einer Pfanne eine Art Krokant. Weniger köstlich waren
die Suppen aus Wasser und einem Hauch von Graupen. Manchmal aber, da
taten unsere Mütter ganz zum Schluss noch einen Klecks Butter dazu, damit es
nach etwas schmeckte.

Wahrhafte Fantasie entfalteten sie beim Einsatz von Gewürzen. Das Brot, das
wir bekamen, war aus Kartoffeln und Rüben gebacken. Es wurde sofort hart
und knochentrocken. Später dann gab es die sogenannten schwarzen Sem-
meln, kleine runde Semmelchen aus dunklem Mehl. Eine wahre Köstlichkeit.
Mutter löste sie uns in unserer Ration Magermilch auf und bereitete daraus in
der Pfanne eine Art Semmelpfannkuchen. Mit Zucker darauf war das ein
Sonntagsessen. Genau wie die angefeuchtete, dann auf der Herdplatte
geröstete und mit Zucker bestreute Brotscheibe. Da kam dann immer eine
Dampfwolke heraus, so viel Wasser enthielt die Brotscheibe, aber wen störte
das schon.

Schwarzmarkt

Die schlechte Versorgungslage der Bevölkerung nach dem Zweiten Weltkrieg ließ den Schwarzmarkt blühen. Gab es Lebensmittel und Güter des täglichen Bedarfs legal in den Geschäften nur gegen Lebensmittelkarten und in geringen Mengen, bekam man auf dem Schwarzmarkt so ziemlich alles, allerdings zu schwindelerregenden Preisen. Butter, Zucker, Brötchen, Schokolade, Schnaps, Lucky-Strikes. Das Brot für 50 Mark, den Zentner Kartoffeln für 400 Mark. Auch Anzüge, Schuhe, Oberhemden, Taschenuhren und Weiteres mehr.

Eine Uhr ließ sich, je nach Qualität und Marke, bei russischen Offizieren gegen einige Pfund Butter, Fleisch, Tabak oder Geld eintauschen.

Gegen Lebensmittel und andere dringende Güter des täglichen Bedarfs wurde alles verscherbelt, was der Haushalt irgendwie entbehren konnte. Besonders für die Stadtbewohner avancierte der Schwarzmarkt zum wichtigen Faktor des täglichen Überlebens. Tausch und Handel blühten trotz aller Verbote. Die Versuche der Alliierten, den Schwarzhandel durch Razzien und Strafandrohungen zu unterbinden, blieben erfolglos.

Erst die Währungsreform und die damit einhergehende Normalisierung des Warenangebotes dämmte den Schwarzmarkt ab 1948 langsam ein.

Tauschhandel in Berlin.

9

1. bis 3. Lebensjahr

Bekannte Namen des Geburtsjahres 1946

Stefan Aust, deutscher Journalist und späterer Chefredakteur des Nachrichtenmagazins „DER SPIEGEL".

Georg W. Bush, republikanischer Politiker und 43. Präsident der Vereinigten Staaten von Amerika.

Gina Pietsch, deutsche Sängerin und Schauspielerin.

Sonia Gandhi, Ehefrau von Rajiv Gandhi, indische Politikerin und Präsidentin der indischen Kongresspartei.

William Jefferson „Bill" Clinton, 42. Präsident der Vereinigten Staaten von Amerika.

Liza Minelli, US-amerikanische Schauspielerin und Sängerin.

Daniel Libeskind, zeitgenössischer Architekt.

Uschi Obermaier, Verfechterin der sexuellen Befreiung in der 1968er-Bewegung in Deutschland.

Jose Carreras, spanischer Tenor.

Dr. Sabine Bergmann-Pohl, 1990 Präsidentin der Volkskammer und damit letztes Staatsoberhaupt der DDR.

Udo Lindenberg, deutscher Rockmusiker.

Jaecki Schwarz, deutscher Schauspieler.

Während unsere Mütter und Geschwister Gänseblümchenknospen sammelten, durften wir im Gras posieren.

Weihnachten 1946

Wichtig am Weihnachtsfest war der Baum, den man nach langem Anstehen erworben hatte. Genommen wurde, was vorhanden war und das sah oft genug sehr mickrig aus. Egal. Mit der Schere wurden ein paar Löcher in den Stamm besonders kahler Baumstellen gebohrt und Äste von einer dichteren Stelle ergänzt. Das obligatorische Lametta fand

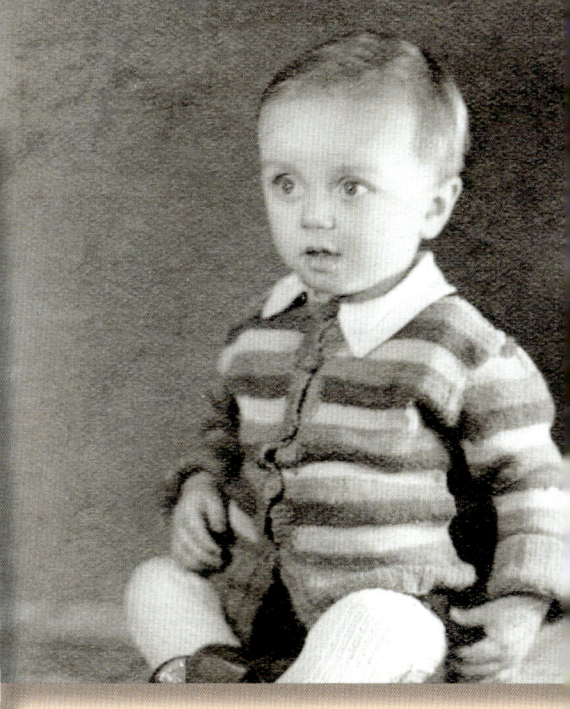

Wir Jungen waren der ganze Stolz unserer Mütter. Das zeigten sie gern, indem sie uns so oft wie möglich adrett zurechtmachten.

mehrere Jahre hintereinander Verwendung. Mutter bügelte es vor dem Aufhängen glatt. Falls vorhanden, kamen ein paar Kerzen an den Baum.

Wenn der Volksempfänger, wegen des großen, runden Lautsprechers „Göbbelsschnauze" genannt, Weihnachtslieder spielte, dann war es gut. Im anderen Fall wurde selbst gesungen. Der Weihnachtsmann brachte praktische Geschenke: Strümpfe, Handschuhe, Spielzeug von der Verwandtschaft, deren Kinder schon älter waren, auch bereits getragene Anziehsachen.

Zum Weihnachtsfest 1946 gibt es Lebensmittelkonserven.

1. bis 3. Lebensjahr

Früh übt sich für das sozialistische Kollektiv

Schlüsselkinder

1949. Die DDR wurde gegründet und wir waren inzwischen zu Kindergartenkindern herangewachsen. Die Zeit der ersten persönlichen Erinnerungen begann. Im Kindergarten waren wir Mittagskinder, Ganztagskinder, Schlüsselkinder. Als Schlüsselkinder hoben wir uns von den Spielgefährten ab, die von den Müttern oder älteren Geschwistern abgeholt wurden. Wir durften allein nach Hause gehen. Pünktlich zur vereinbarten Zeit.

Chronik

25. Januar 1949
Die UdSSR, Polen, Rumänien, Bulgarien, Ungarn und die Tschechoslowakei gründen den Rat für gegenseitige Wirtschaftshilfe (RGW). Die DDR tritt dem RGW 1950 bei.

7. Oktober 1949
Die Deutsche Demokratische Republik wird gegründet. Erster Präsident der DDR wird Wilhelm Pieck, erster Ministerpräsident Otto Grotewohl.

8. Februar 1950
Das Ministerium für Staatssicherheit wird gebildet.

1. Mai 1950
In der DDR tritt das Gesetz der Arbeit in Kraft, in dem unter anderem festgelegt wird, dass Frauen weitgehend von der Hausarbeit entlastet und im Arbeitsprozess Männern gleichgestellt werden sollen.

17. August 1950
Die Regierung der DDR verabschiedet den ersten Fünfjahrplan, der eine zentrale staatliche Planwirtschaft zur Verdoppelung der Industrieproduktion und Steigerung der Arbeitsproduktivität vorsieht.

15. Oktober 1950
Die Wahlen zur Volkskammer, zu Land-, Kreistagen und Gemeindevertretungen der DDR finden statt. 99,7 Prozent der Wähler votieren für die Abgeordneten der Nationalen Front.

5.–19. August 1951
Die III. Weltfestspiele der Jugend und Studenten finden in Ost-Berlin statt. Nach offiziellen Angaben nehmen circa zwei Millionen Jugendliche aus beiden Teilen Deutschlands und 26 000 Delegierte aus 104 Ländern an den politischen, sportlichen und kulturellen Veranstaltungen teil.

1. November 1951
Die Volkskammer beschließt das Gesetz über den Fünfjahrplan (1951–1955). Damit beginnt die zentrale staatliche Planwirtschaft und die Wirksamkeit der Staatlichen Plankommission. Die Volkseigenen Betriebe (VEB) werden dem DDR-Industrieministerium unterstellt. Die „Deutsche Notenbank" wird zur Staatsbank der DDR.

Wer auf dem Land zu Hause war, stöberte gern im Wald, wo Höhlen gebaut wurden und es jede Menge zu entdecken gab.

Die Mütter der Ganztagskinder kamen meist im Galopp von der Arbeit gespurtet. Immer spät dran, immer mit schlechtem Gewissen, die Kleinen so lange der Einrichtung überlassen zu haben. Zumeist hatten sie noch einen Einkaufszettel dabei, der auf dem Heimweg abzuarbeiten war.

Wir für unseren Teil mochten den Kindergarten. Das Toben und Herumtollen mit den Gleichaltrigen im Freien, das im Vergleich zu daheim viel üppigere Spielzeugangebot – all das machte den Kindergarten aus. Wir lernten Schleifen zu binden, den Tisch zu decken und mit einer klobigen Papierschere zu schneiden. Unsere Mütter – Arbeiterinnen, Angestellte oder gerade in einer Qualifizierung – wussten uns in guten Händen.

4. bis 6. Lebensjahr

Die Hausfrauenmütter brachten ihr Kind nur für wenige Stunden in den Kindergarten. Allerdings gab es die damals in der DDR nicht so häufig. Schließlich hatte inzwischen das „Gesetz der Arbeit" unsere Mütter sozusagen per Dekret von der Hausarbeit entlastet und im Arbeitsprozess den Männern gleichgestellt. Theoretisch zumindest. Praktisch blieb unseren Müttern die Hausarbeit dann für die Feierabendstunden. Die guten alten Traditionen waren auch im sozialistischen Staat nicht so leicht über Bord zu werfen.

Eier in Senfsoße

Im Kindergarten trafen viele von uns erstmalig auf Gleichaltrige, die sich allerdings nicht immer als Gleichgesinnte entpuppten. Schnell lernten wir zu begreifen, wie das mit dem Durchsetzen der eigenen Befindlichkeiten funktioniert. Mit Reden kaum. Da mussten in der Regel härtere Bandagen her. Kneifen, Schubsen, an den Haaren ziehen bei den Mädchen. Boxen und Beinestellen bei den Jungen. Die sogenannten Tanten hatten alle Hände voll zu tun, uns von Anfang an zu ordentlichen Bürgern zu formen, die dem neu gegründeten sozialistischen Staat einmal gut zu Gesicht stehen würden.

Unser Kindergartenalltag spielte sich in der Gruppe ab. Wir

Zurechtgemacht für den Fasching im Kindergarten.

Im Kindergarten.

aßen kollektiv, schliefen und spielten kollektiv, besuchten gemeinsam den Waschraum, die Toiletten und trieben natürlich auch zusammen Sport. Unsere Mütter hatten uns die Brottaschen für das Gruppenfrühstück mit Stullen – eingewickelt in Pergamentpapier – und manchmal noch mit Apfelstückchen gefüllt. Das Mittagessen wurde im Kindergarten gekocht. Zu unserer Zeit hatte jeder Kindergarten seine eigene

Beim Rollerfahren fühlten wir uns als die Herren der Straße.

4. bis 6. Lebensjahr

Köchin. Die Tante, die wir am meisten mochten, denn manchmal durften wir uns sogar unser Lieblingsessen wünschen – Eier in Senfsoße, Spinat, Kochklopse, Nudeln, natürlich Milchreis mit Zimt. Dazu gab es Kompott – zumeist selbst eingekochte Früchte.

Auch die üblichen Kinderkrankheiten bekamen wir alle zusammen. Röteln, Masern oder Windpocken wurden kollektiv abgewickelt.

Geschwister.

Unsere Väter – gar sonderbare Wesen

Dass wir Nachkriegskinder waren, merkten wir daran, dass viele von uns ohne Vater aufwuchsen. Unseren Erzeuger kannten wir oft nur aus den Erzählungen unserer Mutter, die Vaters Schwarz-Weiß-Foto in Uniform auf der dunklen, massiven Anrichte platziert hatte. Auch unsere Großmütter wussten viel zu erzählen – dass unsere Väter die gleichen Dummejungenstreiche draufgehabt hatten wie wir jetzt oder dass sie auf uns Kinder stolz gewesen wären. Wir idealisierten unsere nicht vorhandenen Väter, sie waren unsere Helden, obgleich einige von uns sie nie kennengelernt hatten. Aufgewachsen sind wir trotz alledem wohlbehütet und zufrieden.

Dann irgendwann tauchten neue „Väter" auf, die sich in unsere Erziehung einmischten. Bis dahin hatte es keine Schläge mit der Hundeleine oder dem Hosengürtel gegeben, keine tagelangen Stubenarreste. Mutter hatte mal eine Backpfeife ausgeteilt, aber sonst ...

Einige unserer Mütter gaben ihre Ehemänner noch nicht auf. Die galten als vermisst und zu Hause blieb das Hoffen, dass sie ganz sicher eines Tages zurückkommen würden. Wenn das allerdings geschah, sah sich die Familie, die inzwischen gelernt hatte, den komplizierten Alltag allein zu bewältigen, einem oft völlig fremden Menschen gegenüber, mit dem auch die eigene Ehefrau zunächst nicht viel anfangen konnte. Krieg und Gefangenschaft hatten unsere Väter verändert. Ausgemergelt und traumatisiert standen sie auf einmal vor uns und waren uns fremd. Für unsere täglichen Sorgen brachten sie mitunter wenig Verständnis auf. Freilich, sie hatten Schlimmes erlebt und dabei überlebt. Darüber sprechen wollten sie nicht. So blieben wir Kinder im Unklaren und erlebten unsere heimgekehrten Väter mitunter als sonderbare Wesen.

Früh übt sich ...

4. bis 6. Lebensjahr

Unterhaltungsmusik

Den Reigen der vielfältigen AMIGA-Schlagerproduktionen der Schallplattenfirma „Lied der Zeit", später „VEB Deutsche Schallplatte", eröffnete 1947 der Schlager: „Wenn bei Capri die rote Sonne im Meer versinkt ..." – für AMIGA intoniert von Kurt Reimann im unter sowjetischer Aufsicht stehenden Berliner Funkhaus an der Masurenallee. Zunächst machte die Popularität dieses und weiterer Lieder wie zum Beispiel „Maria aus Bahia" oder „Ganz Paris träumt von der Liebe" keinen Halt vor den sich herausbildenden Grenzen zwischen den westlichen Besatzungszonen und der sowjetischen Besatzungszone. Nach Gründung der DDR versuchte die Unterhaltungsmusik dann einen Spagat zwischen verschiedenen Ansprüchen. Die Zuhörer verlangten nach Musik, die Fernweh zuließ und Alltagssorgen vergessen machte. So wurde beispielsweise durch die Musik suggeriert, dass man zum Glücklichsein nicht in die Ferne schweifen braucht.

Tischtennisspiele, zunächst auf der improvisierten Platte, gehörten viele Jahre lang zur beliebten Freizeitbeschäftigung.

Murmeln, Verstecken, Höhlen bauen, Doktor spielen

Von vier bis sechs – das waren ausgelassene Spieljahre. Mit bescheidenen Mitteln zwar, aber das störte uns herzlich wenig. Die Mädchen haben mit Puppen gespielt und, natürlich heimlich, Mutters Sachen ausprobiert – die Absatzschuhe, die so wunderbar auf dem Holzfußboden klackten, Mutters Perlenkette aus dem Schmuckkästchen, das als Tabuzone galt, den BH, der mit Socken ausgestopft das Herz vor dem Spiegel höherschlagen ließ.

Junge Mode im Stil der beginnenden 50er-Jahre
– gern posierten wir vor der Kamera.

Was für die Mädels die Puppenstube war – von Opa selbst gebaut oder noch aus Omas Kindheit herübergerettet, das war für uns Jungen der gerade auf den Markt gekommene „PIKO-Express" aus Sonneberg. Wer ein derartiges Modelleisenbahnexemplar sein Eigen nennen durfte, hatte oft und viel Besuch. Und zwar nicht nur von Gleichaltrigen. Ein anderes Spielzeug, der IFA F9 en miniature, musste sogleich auseinandergebaut werden, um das spannende Innenleben des Fahrzeugs zu erkunden.

19

4. bis 6. Lebensjahr

Ausgefüllte Monate zwischen Schule und Freizeit

Endlich waren wir Schulkinder. Wir hatten uns
auf Zuckertüte und das Lernen gefreut.

„Lernen, lernen und noch-
mals lernen ..."

... so das Motto, das Lenin schon zu
Zeiten der Oktoberrevolution dem
Proletariat mit auf den Weg gab und
das uns künftig in unserer Schulzeit
begleiten würde. Zuvor aber gab es
erst einmal die Einschulung zusammen mit einer großen Schultüte.
Immerhin waren wir jetzt die Großen
und kamen in die Schule. Eingeschult
wurden wir zunächst in die Grund-

Chronik

1. Januar 1952
Zur Beseitigung von Kriegsschäden startet das Nationale Aufbauwerk (NAW). 45 000 Menschen beteiligen sich am ersten Arbeitseinsatz in Berlin.

26. Mai 1952
Eine Verordnung legt die fünf Kilometer breite Sperrzone entlang der Grenze zur BRD fest. Deren Betreten ist nur mit Sondergenehmigung möglich.

9.–12. Juli 1952
Die 3. Parteikonferenz der SED beschließt die planmäßige Errichtung der Grundlagen des Sozialismus.

6. November 1952
Das DDR-Innenministerium verfügt, in allen Wohnhäusern Hausbücher zu führen, in denen An- und Abwesenheit von Mietern und Gästen zu registrieren und die regelmäßig den Meldestellen der Volkspolizei vorzulegen sind.

1. Januar 1953
An den DDR-Schulen wird der Religionsunterricht verboten.

9. April 1953
Die DDR-Regierung kündigt an, dass ab 1. Mai 1953 Einzelhändler, Handwerker und in West-Berlin arbeitende Bürger der DDR – insgesamt ca. 2 Millionen Menschen – keine Lebensmittelkarten mehr erhalten.

1. Januar 1954
Die UdSSR verzichtet auf weitere Reparationen aus der DDR und gibt die letzten 33 SAG-Betriebe (sowjetische Aktiengesellschaften) an die DDR zurück.

27. März 1955
In Berlin findet die erste Jugendweihe statt. Die Jugendlichen geloben, die führende Rolle der Arbeiterklasse und ihrer Partei anzuerkennen.

9. Mai 1955
Die BRD wird offiziell in die NATO aufgenommen.

14. Mai 1955
Der Warschauer Vertrag über „Freundschaft, Zusammenarbeit und gegenseitigen Beistand" wird von der UdSSR, Albanien, Bulgarien, Ungarn, der DDR, Polen, Rumänien und der CSSR geschlossen.

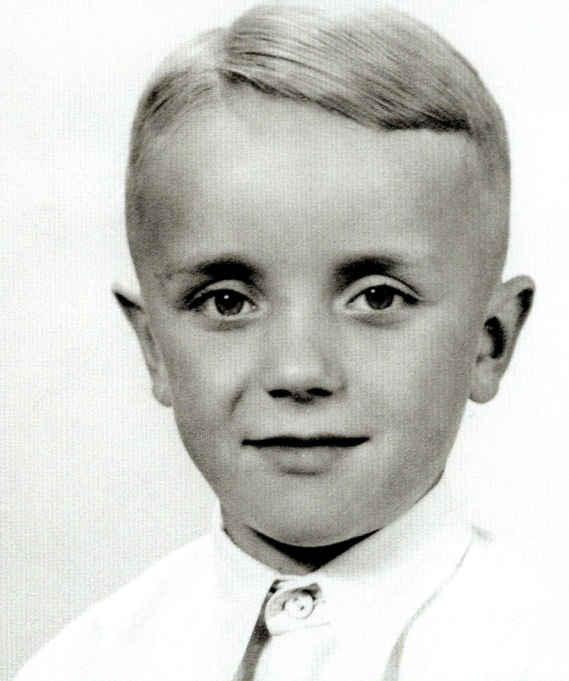

Ein stolzer Schüler. Das weiße Hemd hat die Großmutter selbst geschneidert.

schule, die später zur polytechnischen Oberschule wurde und von nun an in zehn Jahren eine allgemein gebildete sozialistische Persönlichkeit aus uns formen würde.

Unsere Schule, das war zum Beispiel ein herrschaftliches, allerdings ziem-

Auf einem Wagen wurde anlässlich des Umzuges zum 1. Mai die „Schule in der guten alten Zeit" dargestellt.

7. bis 10. Lebensjahr

Eine Klasse vor dem Schulgebäude.

lich heruntergekommenes ehemaliges Gutshaus mit großer Freitreppe und knarrenden Dielen, denen ein strenger Geruch nach Bohnerwachs anhaftete. Auf der Freitreppe entstand jenes Einschulungsfoto, das später unser Album zierte. Mit weißen Kniestrümpfen, die Röcke der Mädchen kurz und adrett, die Schultüten im Arm, die Brille schief sitzend, den Scheitel dafür um so strenger gezogen, posierten wir vor der Kamera. An unserer Seite die künftige Klassenlehrerin für die Unterstufe, mindestens genauso aufgeregt wie wir. Als Neulehrerin hatte sie nur einen Schnellkurs hinter sich und war uns mit dem Schulstoff immer nur knapp voraus. Lehrer waren schließlich Mangelware, genauso wie das Unterrichtsmaterial. Das tat unserer Begeisterung allerdings keinen Abbruch. Wir wollten lernen! Dann durften wir in das Klassenzimmer, wo handschriftliche Namenszettel auf den dunkelbraunen halbschrägen Holzbänken unsere Plätze markierten.

Unser Stundenplan enthielt die Fächer Lesen, Rechnen, Schulgartenunterricht, Werken, Heimatkunde, Zeichnen, Musik und Sport. Bis auf Sport, Werken und Schulgarten – für diese Fächer gab es Fachlehrer – stand überall der Name unserer Klassenlehrerin. Später kam das Unterrichtsfach Nadelarbeit hinzu. Dort lernten Jungen und Mädels stricken, häkeln, stopfen und flicken.

Für die Schule hatte die Großmutter aus den Stoffresten ihres Kleides eine hübsche Bluse geschneidert.

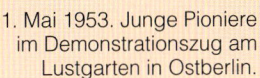
1. Mai 1953. Junge Pioniere im Demonstrationszug am Lustgarten in Ostberlin.

„Seid bereit, immer bereit!"

„Immer bereit" – das waren wir, seit wir in der ersten Klasse nach dem Ablegen des Pionierversprechens feierlich das dreieckige blaue Halstuch der Jungpioniere umgebunden bekommen hatten. Den speziellen Pionierknoten beherrschten wir natürlich längst aus dem Effeff und auch die zu feierlichen Anlässen obligatorische weiße Bluse beziehungsweise das weiße Hemd, die am linken Ärmel das Emblem der Pionierorganisation trugen, hielten unsere Mütter stets frisch gestärkt und gebügelt parat. Zu den Fahnenappellen hoben wir stolz unsere Hand zum Pioniergruß. Pionier zu sein, das war schließlich eine Ehre. Und so verstanden wir diejenigen Eltern nicht, die ihren Sprösslingen die Mitgliedschaft in der Pionierorganisation „Ernst Thälmann" verboten. Unsere Schulwoche begann am Montagmorgen mit dem Fahnenappell, zu dem sich alle Klassen von eins bis zehn in U-Form aufstellten.

Junge Pioniere oder Junge Gemeinde?

Nicht für jeden von uns waren die Jungen Pioniere der vorgezeichnete Weg. Ein Teil der Eltern schickte seine Sprösslinge auch in die Junge Gemeinde der Kirche. Manche fühlten sich innerlich zerrissen, wussten nicht wohin. Zu den Jungen Pionieren, wo die meisten Kinder waren? In die Junge Gemeinde und sich damit möglicherweise zum Außenseiter machen? Unsere Väter, die den Krieg überstanden hatten, stellten mitunter eine Frage wie: „Wenn es Gott gäbe, hätte er dann den Krieg gemacht?" Das nahm viele für eine antireligiöse Haltung ein. Und so bildeten die Kinder, die kein blaues Halstuch trugen, eher die Ausnahme. Fast geschlossen gingen die Klassen später zur Jugendweihe, einige von uns ließen sich zusätzlich konfirmieren.

Der Abschnittsbevollmächtigte (ABV)

Der Aufbau neuer Polizeikräfte hatte in der sowjetischen Besatzungszone bereits unmittelbar nach Kriegsende begonnen. Als offizielles Gründungsdatum der Volkspolizei wurde der 1. Juli 1945 genannt. Die Volkspolizei galt als Freund und Helfer und hatte als solcher höchsten Anforderungen gerecht zu werden. So war sie für die „Gewährleistung der öffentlichen Ordnung und Sicherheit" zuständig, hatte Straftaten, Verfehlungen und Ordnungswidrigkeiten vorzubeugen, aufzudecken, zu untersuchen und aufzuklären. Ihr politischer Auftrag bestand im Dienst „zur allseitigen Stärkung und zum zuverlässigen Schutz der Arbeiter- und Bauernmacht".

Eine Schlüsselrolle in den Reihen der Volkspolizei spielten die Abschnittsbevollmächtigten (ABV), die 1952/1953 nach sowjetischem Vorbild eingeführt wurden. Sie waren ständig im Dienst, indem sie allumfassend zuständig für ihr Revier erklärt wurden. Sie hatten die Kontrolle der Hausbücher vorzunehmen und waren erster Ansprechpartner für die Bürger bei Störungen in ihrem Gebiet. In der Regel

Der Nachweis unserer Beitragszahlungen wurde später in Markenform in den FDJ-Ausweis geklebt.

kannten sie die meisten Bürger gut. Zusätzlich gab es seit 1952 sogenannte Freiwillige Helfer der Deutschen Volkspolizei, die den ABV unterstützten. Anschließend ertönte das „Stillgestanden!" unseres Gruppenratsvorsitzenden, gefolgt von seinem „Zur Meldung an die zentrale Schulgruppenleitung der FDJ die Augen links!" (oder rechts, je nachdem). Dann marschierten die einzelnen Gruppenratsvorsitzenden nach vorn und meldeten mit zum Pioniergruß erhobener Hand, dass die jeweilige Klasse zur Eröffnung der Woche angetreten und bereit sei. Nachdem der zentrale Schulgruppensekretär die gesamte Schule strammstehen ließ, um unsere Bereitschaft an den Schulleiter zu melden, ging es ab in die Klassenzimmer, wo wir die erste Stunde meist mit einem gemeinsamen Lied begannen.

Junge Pioniere empfangen während des Ferienlageraufenthaltes Gäste von der Zollverwaltung, die über ihre Arbeit berichten.

In der 4. Klasse.

Altstoffe sammeln

Als pflichtbewusste Pioniere und auch, um das meist eng bemessene Taschengeld aufzubessern, sammelten wir Altstoffe. Ausgelesene Zeitungen, die wir ordentlich stapelten und mit einem Bindfaden über Kreuz zusammenschnürten, Lumpen, leere Gläser und Flaschen. Dazu waren wir oft stundenlang unterwegs, haben bei sämtlichen Nachbarn geklingelt um zu fragen, ob sie ihre Altstoffe loswerden wollten, sind auf Schuttplätzen herumgeklettert, um Metall zu suchen. Es war abenteuerlich – und gleichzeitig lohnenswert. Unsere Beute schleppten wir zum „Lumpenmann", der späteren Annahmestelle für Sekundärrohstoffe SERO. Stolz zählten wir unser selbst verdientes Geld nach: 50 bis 80 Pfennig pro Aktion. Manchmal sogar mehr, wenn wir genügend Textilien ergattern konnten, die etwas besser bezahlt wurden.

Außerdem beteiligten wir uns an großen Schrottaktionen, die unsere Schulen organisierten. Ausgerüstet mit alten Handwagen und natürlich unserem blauen Halstuch zogen wir los. Dieses verdiente Geld floss in die Kasse der Pionierorganisation. Davon wurde dann zum Beispiel eine Zeltausrüstung für die gesamte Schule gekauft. Die erfolgreichste Klasse erhielt eine Auszeichnung.

Im modischen Karolook.

25

Im Ferienlager durfte es auch bekleidungsmäßig etwas legerer zugehen. Die kurzen Hosen waren auf der heimischen Nähmaschine entstanden.

Die schönste Zeit im Schuljahr

Ferien – natürlich unsere schönste Zeit im ganzen Schuljahr. Geld und Möglichkeiten für große Urlaubsreisen mit der ganzen Familie waren rar. Nicht schlimm, denn es gab ja das Kinderferienlager. 20 Mark kosteten die zwei bis drei Wochen – Essen, Übernachtung – anfangs in großen Sälen, organisiertes Freizeitprogramm und sozialistische Erziehung inklusive. Unsere Ziele: die

Badenixen im Ferienlager.

Ostsee, der Thüringer Wald und die Mecklenburgische Seenplatte. Da die Kinderferienlager über Trägerbetriebe organisiert wurden, in denen unsere Eltern arbeiteten, trafen wir dort jedes Jahr auch unsere Kumpels vom Vorjahr wieder. Und knüpften nahtlos an die letzten gemeinsamen Erlebnisse an.

Wenn sich im Ferienlager Besuch ankündigte, wurde dieser mit einem Appell begrüßt. Die Pionierleiter meldeten die Bereitschaft ihrer Gruppen an die Lagerleitung.

Abenteuer und Herzklopfen

Es war das Kinderferienlager, in dem wir spannende Kinofilme sahen, die erste aufregende Nachtwanderung unternahmen, und als wir etwas älter waren, in der Tanzveranstaltung unserer ersten großen Liebe begegneten, der Ferienlagerliebe. Einen Höhepunkt versprach der Tag, an dem der Landfilm kam und sich die Gruppe einen Märchen- oder Zeichentrickfilm anschauen durfte. Den „Kleinen Muck" zum Beispiel. Nichts von dem ist vergessen. Noch immer

Völkerball wurde nicht nur im Ferienlager gern gespielt.

7. bis 10. Lebensjahr

Ferienlagerausflug.

haben wir ihn auf der Zunge, den Geschmack von Pfefferminztee und Dreifruchtmarmelade. Noch immer können wir darüber lächeln, wie wir unsere Betreuer – manchmal nur wenig älter als wir – überlisteten, um uns nach verkündeter Nachtruhe heimlich in die Mädchenquartiere zu schleichen.

Freilich gab es auch Nerviges. Den Frühsport zum Beispiel und die morgendlichen Appelle. Auch der Wettbewerb um das sauberste Zimmer gehörte zum Pflichtprogramm. Unterm Strich war es immer eine herrliche Zeit. Denken wir nur an den riesigen LKW H6, auf den wir Bänke stellten, um gemeinsam einen Ausflug zu machen. Dann die Geländespiele, bei denen wir mit Karte und Kompass unterwegs waren, um Baumarten und Tierspuren zu identifizieren. Die Schnitzeljagd, Ferienlager – das fühlte sich schwer nach Abenteuer an.

Den Spielplatz gestürmt

Unsere Freizeitspiele daheim standen ganz im Zeichen der Zeit. Viele von uns lebten in Nachbarschaft mit der überall im Land stationierten Sowjetarmee. Deren Offiziere durften ihre Familien mit

Die Gruppe bei einer Wanderung.

in die DDR bringen, und anfänglich hatten wir beim Stürmen des Spielplatzes als Gegner manchmal die Russenkinder. Zwar haben wir uns sprachlich nicht gut verstanden, aber zum gegenseitigen Verdreschen reichte es allemal. Später dann lebten die Truppen und deren Familienangehörige abgeschottet von uns.

Spiele waren gerade bei uns Jungen immer auch Mutproben, in denen wir uns gegenüber unseren Kumpels zu beweisen hatten. Zum Beispiel auf einem ehemaligen Truppenübungsgelände der Sowjetarmee. Hier haben wir Krieg gespielt und dabei manchmal sogar eine liegen gebliebene russische Übungsgranate gefunden. Über die Gefahren dachten wir nicht nach. Schließlich waren wir richtig harte Kerle.

Tschüss und winke, winke

Unser heißer Draht in die Welt, die für viele damals kaum über die Landesgrenzen der Deutschen Demokratischen Republik hinausreichte, führte über das Radio. Die Auswahl des Programms blieb im Wesentlichen unseren Vätern vorbehalten. Gab es ein jugendfreies Hörspiel, wurden wir Kinder ins Wohnzimmer gerufen. Gebannt verharrten wir vor dem Gerät, wenn zum Beispiel Benno Pludras „Ein Mädchen, fünf Jungen und sechs Traktoren", „Die Reise nach Sundevit" oder Friedrich Wolfs „Die Matrosen von Cattaro" gesendet wurden. Unsere Eltern waren Fans der Schlagerrevue mit Heinz Quermann, der sich mit „Tschüs und winke, winke" verabschiedete. Radiohören war damals immer ein wichtiges gemeinsames Familienereignis.

Das Wunder von Bern

Mehr oder weniger heimlich ging es zu, als die westdeutsche Fußballmannschaft 1954 im Finale der Weltmeisterschaft stand. Ja, natürlich hat uns das interessiert. Obwohl es offiziell nicht gern gesehen wurde, haben sich alle Fußballinteressierten dieses Spiel dennoch nicht entgehen lassen. Also hockten wir daheim am Radioempfänger, immer darauf hoffend, dass das Gerät beim alles entscheidenden Spiel gegen Ungarn nicht schlappmachen

Voller Siegesmut betreten die Spieler der deutschen Mannschaft das Spielfeld.

würde. Immer auch darauf achtgebend, dass der Empfänger möglichst auf Zimmerlautstärke blieb. Wegen der Nachbarn – die zwar vermutlich gerade das Gleiche taten – aber egal. Aufpassen konnte nicht schaden.

Ungarns Elf galt als klarer Favorit. Wir zitterten gemeinsam mit den 64 000 Zuschauern im Berner Stadion und fühlten uns ihnen ganz nah. Halbzeitstand: 2:2. Wir schöpften Hoffnung. Selbst die Mutter ließ sich anstecken und kam aus der Küche hinzu. Mit einer Flasche Helles für ihren Mann, dem sie dazu einen Nordhäuser Doppelkorn einschenkte. Sie genehmigte sich einen selbst gemachten Kirschlikör und kredenzte zur Feier des Tages Butterbrote. Unser aller Aufmerksamkeit galt dem Radiogerät vor uns. Plötzlich, Helmut Rahn schießt – der Kommentator schreit es uns durch den Äther zu – und trifft. Zum zweiten Mal in diesem Spiel. Das bedeutete: Weltmeister. Wir stimmten in das Jubelgeschrei im Äther ein. Natürlich wieder möglichst auf Zimmerlautstärke.

Arbeitsnormen erhöht

Zu Beginn der 1950er-Jahre war die DDR in eine schwere ökonomische Krise geraten. Der Bevölkerung mangelte es an allem und für das Wenige, was es gab, musste stundenlang Schlange gestanden werden. Die meisten Lebensmittel wurden immer noch auf Karten zugeteilt. Das Wohlstandsgefälle zum Westen vergrößerte sich immer mehr. Ursachen bildeten unter anderem steigende Militärausgaben sowie die hohen Reparationsleistungen. Auch die dramatische Abwanderungswelle von Spezialisten in Richtung Westen verschärfte die Situation. So wurde zum Beispiel jeden Abend bei Einbruch der Dunkelheit für die Bevölkerung der elektrische Strom abgeschaltet. Im Vergleich zu den Vorkriegsjahren stand den DDR-Bürgern lediglich die Hälfte an Fleisch und Fett zur Verfügung.

Vor diesem Hintergrund fand im Juli 1952 in Berlin die 2. Parteikonferenz der SED statt, auf der Walter Ulbricht verkündete, ab sofort das Siegen von der Sowjetunion lernen zu wollen. Er sprach vom „planmäßigen Aufbau des Sozialismus" und einer „Stärkung der Staatsmacht nach sowjetischem Vorbild". Der auf der Parteikonferenz beschlossene verschärfte Klassenkampf verschärfte auch die Versorgungskrise weiter. Der absolute Vorrang der Schwerindustrie auf Kosten des Konsumgütersektors, die Kollektivierung der Landwirtschaft, steuerliche Zwangsmaßnahmen gegen Handwerker und Privatunternehmer und nicht zuletzt der Aufbau der kasernierten Volkspolizei, welcher der Wirtschaft dringend benötigte Arbeitskräfte entzog, drückten auf Produktion und Stimmung. Um eine Versorgungskatastrophe abzuwenden, erhöhte die SED am 28. Mai 1953 die Arbeitsnormen um 10,3 Prozent. „Mehr Arbeit für gleichen Lohn" lautete die Devise.

7. bis 10. Lebensjahr

17. Juni 1953

Die Bevölkerung wehrte sich gegen den Kurs der 2. SED-Parteikonferenz, für gleiches Geld ein Mehrfaches an Arbeit zu leisten. Am 16. Juni 1953 kam es an zwei Berliner Großbaustellen – dem Block 40 in der Stalinallee und dem Krankenhausneubau in Berlin-Friedrichshain – zu den ersten Arbeitsniederlegungen. Am Morgen des 17. Juni traten überall im Land Werktätige großer Betriebe in den Streik und formierten sich zu Demonstrationszügen gegen die Normenerhöhung. Die Polizei war mit dem Ausmaß, das die Demonstrationen annahmen, überfordert.

Vor allem in Ostberlin kam es auch zu blutigen Zusammenstößen zwischen Demonstrierenden und der Polizei.

Die sowjetischen Behörden reagierten mit der Verhängung des Ausnahmezustandes für 167 der 217 DDR-Landkreise. Auch in Berlin wurde der Ausnahmezustand verkündet. Mit ihren in die Berliner Innenstadt geschickten Panzern demonstrierten die sowjetischen Truppen Präsenz und brachten die Situation weitgehend unter Kontrolle. Um 14 Uhr erklärte Ministerpräsident Otto Grotewohl im DDR-Rundfunk ausdrücklich die Rücknahme der Normenerhöhungen. Den Aufstand verurteilte er als „das Werk von Provokateuren und faschistischen Agenten ausländischer Mächte und ihrer Helfershelfer aus deutschen kapitalistischen Monopolen".

Da lacht der Bär

Den offiziellen Start des Fernsehens der DDR am 21. Dezember 1952, Stalins Geburtstag, verpassten viele von uns mangels Gerät. Als erste Programmansagerin des Deutschen Fernsehfunks begrüßte Margit Schaumäker dann auch nur wenige Zuschauer vor ein paar Dutzend privater Fernsehgeräte und denen der öffentlichen Fernsehstuben zum von nun an regelmäßigen Fernsehprogramm des Fernsehsenders Berlin. Als erste offizielle Sendung flimmerte die „Aktuelle Kamera" über den Bildschirm.

Ein Rembrandt 825B mit kleiner Bildröhre aus dem Sachsenwerk galt längere Zeit als Luxus. Nur wenige Jahre später fanden auch die Modelle aus Staßfurt ihren Weg in die Wohnzimmer. Wer ein solches Gerät besaß, der lud Familienmitglieder, Nachbarn und Freunde ein, die sich dann eng zusammengedrückt auf Sofa und Fußboden gemeinsam das Programm anschauten. Scharf waren wir Kinder auf die Erzählungen von Meister Nadelöhr, die im Nachmittagsprogramm liefen. Unsere Eltern verpassten keine „Rumpelkammer" von Willi Schwabe und alle gemeinsam verfolgten wir die Unterhaltungssendung „Da lacht der Bär".

Die erste offizielle Sendung
im DDR-Fernsehen.

Mit der „Möwe" Westautos gucken

Unser damaliges Fortbewegungsmittel war das Fahrrad, meist eines aus vielen
alten Teilen von Vater, Onkel oder Nachbar zusammengebaut und angestri-
chen. Robust und schwer, war es dennoch unser ganzer Stolz. Manche von
uns waren privilegiert, die bekamen ein neues Rad der Marke „Möwe" aus San-
gerhausen oder sogar ein „Diamant" vom VEB Fahrradwerke Elite Diamant aus
Karl-Marx-Stadt. Eine Marke, die auch die DDR-Radrennfahrer fuhren. Täve
Schur beispielsweise sollte 1958 und 1959 die Straßen-Weltmeisterschaft auf
einem Diamantrad gewinnen. Genauso wie Bernhard Eckstein ein Jahr später.
Bevor wir ein solches Objekt der Begierde, also zum Beispiel ein „Möwe"-Rad,
unser Eigen nennen konnten, hatten wir uns unzählige Male am Schaufenster
des Fahrradladens die Nase platt gedrückt. 167 Mark stand da auf dem Schild
neben dem Traummodell. Viel Geld.

Mit unseren Rädern sind wir nicht nur in die Schule gefahren, sondern am
Nachmittag dann auch gern an die Autobahn, Westautos gucken und winken.
Der Transitverkehr zwischen der BRD und Westberlin durch das Territorium der
DDR machte dies möglich. Manchmal gab es für uns Straßenrändler eine aus
einem VW Golf oder Mercedes zugeworfene Packung Kaugummi. Das gehörte
zu den Höhepunkten eines solchen Nachmittagsausfluges.

Faschingsumzug durch den Ort, links im Bild der Kosmonaut.

Mit dem Marmeladeneimer auf den Mond

Einen anderen Höhepunkt des Jahres bildete unser Schulfasching. Verkleidet schlüpften wir in die Haut unserer Idole. Hinter unseren Masken konnten wir unseren Fantasien freien Lauf gewähren. Fasching war Kult. Alle Jahre wieder. Die Kostüme schneiderten unsere Mütter selbst. Aus Stoffresten und in der Nachbarschaft Zusammengepumptem. Schornsteinfeger, Bäcker, Indianer oder Rotkäppchen hießen unsere Favoriten. Später auch Kosmonaut und Cowboy. Unsere Mütter sahen uns gern als Fliegenpilz oder Häschen, aber das konnten wir meist abwenden. Viel lieber wollten wir zu den Sternen fliegen, wenigstens in unserer Fantasie mit unserem Kosmonautenkostüm. Das bestand als Grundgarderobe aus unserem weinroten Trainingsanzug der Sportgemeinschaft. Genau dem Anzug also, mit dem man unbedenklich in den Orbit aufbrechen konnte. Freilich nicht ohne den dazugehörigen modernen Weltraumhelm – dem Marmeladeneimer aus Pappe, in den wir zuvor eine kleine rechteckige Gesichtsöffnung geritzt hatten.

Dornröschen und Rotkäppchen zum Schulfasching.

7. bis 10. Lebensjahr

Der Kindheit entwachsen

Es roch nach Metallspänen und Schweinestall

In unserer allgemeinbildenden polytechnischen Oberschule waren wir inzwischen in der Mittelstufe angekommen, hatten längst die Schiefertafel gegen Hefte und Tintenfüller ausgetauscht und fühlten uns nun wirklich als die Großen. Waren es von der ersten bis zur sechsten Klasse vor allem der Werk- und der Schulgartenunterricht, die uns die praktischen Aspekte der produktiven Arbeit nahebringen sollten, kamen in der siebenten Klasse die Anfänge des Unterrichtstages in der Produktion (UTP) dazu.

Bevor wir jedoch auf die sozialistische Produktion losgelassen wurden, gab es zunächst die Hürde der Theoriestunden zu nehmen, in denen wir mit unserem künftigen Einsatzbetrieb vertraut gemacht wurden. Die nächste Stufe hieß polytechnisches Kabinett. Dahinter verbarg sich ein gesonderter Raum im

Chronik

25. Februar 1956
Auf dem XX. Parteitag des KPdSU rechnet Nikita Chruschtschow mit Stalin und dem Personenkult ab.

1. März 1956
In der DDR entsteht aus Einheiten der Kasernierten Volkspolizei die Nationale Volksarmee (NVA).

25. März 1957
Frankreich, Italien, die BRD, Holland, Belgien und Luxemburg gründen durch die Unterzeichnung der „Römischen Verträge" die Europäische Wirtschaftsgemeinschaft (EWG).

31. Dezember 1957
In der DDR werden 317 Landwirtschaftliche Produktionsgenossenschaften (LPG) gegründet, die ein Viertel der landwirtschaftlichen Nutzfläche genossenschaftlich bewirtschaften.

28. März 1958
Der Deutsche Bundestag spricht sich, gegen die Stimmen der SPD, für die atomare Bewaffnung der Bundeswehr aus.

29. Mai 1958
In der DDR werden die Lebensmittelkarten abgeschafft und damit die letzten Rationierungen für Fleisch, Fett und Zucker aufgehoben.

24. April 1959
Die Bitterfelder Kulturkonferenz ruft Arbeiter zum Schreiben auf. Das Motto lautet: „Greif zur Feder, Kumpel! Die sozialistische Nationalkultur braucht Dich!"

21. August 1959
Walter Ulbricht betont in einem Interview, die DDR werde die BRD bis 1961 einholen und überholen.

1. September 1959
Mit dem Schuljahr 1959/1960 wird der dreijährige Ausbildungsweg Berufsausbildung mit Abitur eingeführt.

1. Oktober 1959
Die DDR deklariert ihr neues Staatswappen und die neue Staatsflagge mit Hammer, Zirkel und Ährenkranz.

UTP in der LPG. Der Ausbilder demonstriert der Schulklasse eine landwirtschaftliche Maschine.

Betrieb mit Werkbänken für uns Schüler. Eingekleidet mit blauen Kitteln haben wir gefeilt, gelötet, gehämmert und geschraubt. Später durften wir den Arbeitern über die Schulter sehen, die in der Werkhalle bei Maschinenlärm stanzten, bohrten, sägten, und auch mal selbst Hand anlegen. Eingeprägt hat sich uns der Geruch nach Metallspänen und Maschinenöl, den wir in diesen Tagen kennenlernten.

UTP gab es für Jungs und Mädels gemeinsam. Unterschiede wurden nur in der Schwere der Arbeit gemacht. Die Dörfler führten ihren praktischen Unterrichtstag in der Landwirtschaft unter Anleitung und Betreuung eines Agronomen durch. Wobei die Mädels beispielsweise im Hühnerstall oder bei den Kälbern landeten und dort vorwiegend Versorgungsaufgaben wahrnahmen. Die Jungen haben im Kuhstall Kühe geputzt und Mist gefahren. Nach dem Einsatz im Schweinestall erteilten unsere Mütter uns den ausdrücklichen Befehl, dass wir uns im Keller umzuziehen hätten, damit der intensive Geruch nicht bis in die Stube vordringen konnte.

„Jedermann an jedem Ort, mehrmals in der Woche Sport" – wir hielten uns an diesen oft zitierten Ausspruch.

Vom Kindergarten in die KJS

„Jedermann an jedem Ort – mehrmals in der Woche Sport" – ein geflügelter Ausspruch damals in der DDR. Der allerdings keineswegs bedeutete, dass aus jedem Sporttreibenden unbedingt ein Leistungssportler werden musste. Nein, es gab ja auch den Massensport. Und der begann eigentlich bereits im Kindergarten, wenn wir mit unserem Turnbeutel anrückten, um gemeinsam im Kreis herumzuhopsen, während die Tante in der Mitte dazu den Rhythmus durch Schläge auf ein Tambourin vorgab. Später gehörten Schulsport und Sportgemeinschaft zu unserem Leben wie das tägliche Brot. Wir fuhren Ski und Rad, turnten auf dem Schwebebalken, schwammen und liefen Schlittschuh. Und wir träumten, damit eines Tages einmal ganz groß zu werden. Wie unsere Vorbilder Täve Schur, Helmut Recknagel oder Helga Haase. Dass wir dabei von unseren Lehrern und Trainern gefördert wurden, war selbstverständlich und ehrte uns.

Gut waren wir auch zu Fuß.

In der DDR wurde frühzeitig damit begonnen, sportliche Nachwuchstalente zu suchen und zu fördern. Wir waren stolz, wenn wir für eine weiterführende sportliche Aktivität auserkoren waren und später dann sogar an der Kinder- und Jugendspartakiade teilnehmen durften. Die DDR war damals schon ein Spitzensportland und wir durften dabei sein.

Die sportlich Besten unter uns gingen auf die im Schuljahr 1952/1953 gegründeten Kinder- und Jugendsportschulen, die KJS. Was für eine Auszeichnung. Und was für eine Umstellung. Ein neuer, aufregender Lebensabschnitt zeichnete sich ab. Denn KJS bedeutete nicht nur erweiterter Sportunterricht mit täglichem Training, KJS bedeutete vor allem auch Leben im Internat. Im Zimmer zu dritt oder zu viert. Nach strengem Regime und dennoch voller Abenteuer. Unsere Tage waren verplant: 6 Uhr früh Wecken, 6.30 Uhr Frühstücken,

Für die Teilnahme an der Kleinen Friedensfahrt gab es diese Urkunde.

11. bis 14. Lebensjahr

1959 beteiligten sich junge Radsportler an der Kleinen Friedensfahrt.

Bettenmachen, Aufräumen, Ausfegen. Um 7 Uhr ging die Schule los, am Nachmittag wurde trainiert. Zeit für die Hausaufgaben blieb uns nach dem Abendessen. Pünktlich um 22 Uhr war Nachtruhe.

Trotz Reglement und strengem Tagesrhythmus genossen wir das Zusammensein mit Gleichaltrigen fern von Mutters Rockzipfel. Es verlieh uns das Gefühl, ein Stück erwachsener zu sein als unsere ehemaligen Klassenkameraden daheim.

Trabant – der Weggefährte

Pkw-Baureihe Trabant. Bis 1991 liefen in Zwickau mehr als drei Millionen Fahrzeuge vom Band – viel zu wenig für den enormen Inland- und Exportbedarf der DDR. Das führte zu Anmeldelisten mit mehrjährigen Wartezeiten. Anfänglich galt der Trabi als sparsam und robust, später veraltete er aufgrund fehlender Innovationen hoffnungslos. Seinen Namen „Trabant" – Begleiter oder Weggefährte – erhielt das Fahrzeug im Rahmen einer Umfrage. Allgemeines Lob fanden sein geräumiger Innenraum, die großen Fensterflächen sowie sein dem Zeitgeschmack entsprechendes Design. Der 500 Kubikzentimeter kleine Zweitaktmotor leistete anfänglich gerade mal 18 PS,

Die erste Serie des PKW „Trabant".

doch dies war in den 1950er-Jahren für einen Kleinwagen durchaus akzeptabel. 1963 erfuhr der Trabant eine grundlegende Überarbeitung. Der Hubraum erhöhte sich von 494 Kubikzentimetern bei der ab 1959 gebauten Modellreihe „Trabant 500" auf nunmehr 599 Kubikzentimeter. Das führte zu einer Leistungssteigerung auf 23 PS.

Auch im Badeanzug zeigte frau eine tolle Figur.

Sie verdrehten uns die Köpfe – zum ersten Mal

Sie hießen Undine, Annerose, Monika, Regina. Sie trugen ihr Haar in geflochtenen Zöpfen oder als Pferdeschwanz. Und sie kokettierten mit bunten Haargummis und Spangen. Im Unterricht starrten sie uns an, warfen heimlich kleine Kügelchen nach uns, die sie aus Papierfetzen geformt hatten. Wenn wir zurückschauten, zeigten sie uns ein unschuldiges Lächeln. Was sollte das alles bedeuten, fragten wir uns, die wir bisher eigentlich anderes als die holde Weiblichkeit im Kopf hatten. Den Fußball mit den Freunden am Nachmittag, Skifahren oder mit dem Kumpel aus der Nachbarschaft weiter am Radioempfänger basteln. Das war es, was uns interessierte. Die Mädels nervten da eher. Oder war da doch etwa mehr? Wir schwankten hin und her, die Mädels schienen das zu ahnen und ließen nicht locker.

Sie bedachten uns mit kleinen Aufmerksamkeiten, malten heimlich Herzchen mit unseren Anfangsbuchstaben auf die Holzplatte der Schulbank oder ritzten diese in den Baumstamm auf dem Schulhof. Woraufhin wir uns veranlasst sahen, doch mal einen intensiveren Blick zu wagen und ihre Reize wahrzunehmen. Ja, genau darauf lief es hinaus. Warum sonst hatte die Erika auf einmal einen richtigen Busen, der sich deutlich unter dem Häkelpulli abzeichnete und den wir gestern noch nicht wahrgenommen hatten. Hatten wir ihn etwa übersehen oder spielten hier gar überirdische Kräfte eine Rolle? Natürlich ahnten wir nicht, dass frau unterstützend ein Paar Söckchen zu Hilfe genommen hatte.

Als dann bei uns endlich der Groschen gefallen war, begann eine Art unausgesprochener Wettbewerb – der um die Gunst der weiblichen Blicke. Hatte der Werner etwa mehr davon erhascht als man selbst? Oder ist gar der Sieghard schon bis zu einer Verabredung in die Milchbar vorgedrungen, wo er der Herzensdame vom Taschengeld ein Glas Kirschmilch spendiert hat. Da musste man sich ranhalten. Wäre da bloß nicht diese Angst vor der eigenen Courage.

Geheimwaffen der Schönheit

Die Mädels hatten ihre eigenen Sorgen. Zum Beispiel mit Pickeln. Make-up kannten sie damals noch nicht, dafür aber Heilerde. Damit wurde versucht, die Übeltäter, die die Wirkung gegenüber uns Jungen ihrer Meinung nach stark behinderten, halbwegs unsichtbar zu machen. Auch sonst befanden wir uns in einer Zeit, die erfinderisch machte. Für eine gesunde Gesichtsbräune, in die einfach jeder unserer männlichen Blicke schauen sollte, zerdrückten die Mädels Mohrrüben. Mit Zuckerwasser haben sie ihre Haare gestählt. Die dunklen Wimpern waren schwarzer Schuhcreme zu verdanken. Weilten die Mütter nicht zu Hause, wurde heimlich deren Lippenstift aufgetragen.

Mit der obersten Geheimhaltungsstufe belegt war das Probieren von Mutters feinen Strümpfen, kombiniert mit den Absatzschuhen. Was für ein erhebendes Gefühl. Die Beine so zurechtgemacht, konnten die Mädels wahrlich überall mithalten. Allerdings hieß es höllisch aufzupassen, dass die Strümpfe keine Maschen zogen.

Vom Du zum Sie

Mit 14 Jahren wurden wir endlich zu Erwachsenen erklärt. Per Jugendweihe oder Konfirmation. Je nachdem. Wer weder die Kirche noch den sozialistischen Staat prellen wollte, machte beides. Manche Eltern kommentierten dies mit der Bemerkung, dass man schließlich nie wisse, wie alles mal komme. Mit der achten Klasse änderte sich für uns vieles. Zunächst einmal die neue Anrede. Unsere Lehrer duzten uns nicht mehr. Das neue, noch unvertraute „Sie", das wir mit dem Beginn dieses Schuljahres hörten, ließ uns zur Erwachsenenwelt gehören. Den Tag der Jugendweihe hatten wir lange erwartet und mit den Jugendstunden bestens vorbereitet. Sie fanden einmal im Monat nach

dem Unterricht im Klassenkollektiv statt. Wir unternahmen Exkursionen in Museen, besuchten Betriebe, diskutierten über die Rolle der Arbeiter. Es waren spannende Stunden, auf die wir uns freuten. Besonders natürlich auf die gemeinsame Jugendweiheabschlussfahrt, die uns meist in eine Jugendherberge führte und mehr ans frühere Ferienlager als an eine politische Agitationsfahrt erinnerte.

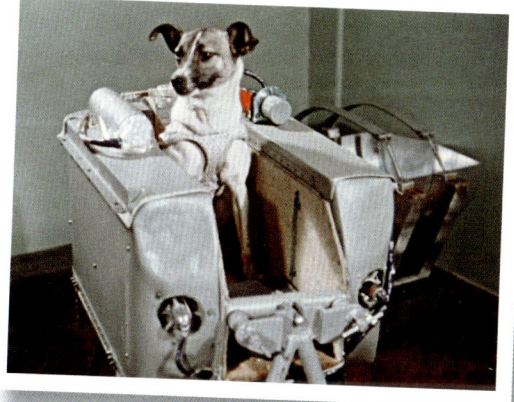

Die russische Weltraumhündin Laika vor dem Start in der Kabine von „Sputnik 2".

Laika im Weltall

Sie hieß Laika und war die erste Dame im Weltall. Mehr noch war sie das erste Lebewesen überhaupt, das die Erde umkreiste. Im Rahmen der sowjetischen Raumfahrtmission war die Hundedame, die auf den Straßen Moskaus als Streuner aufgegriffen wurde, am 3. November 1957 an Bord des Raumflugkörpers Sputnik 2 ins All geschickt worden. Obwohl ihre Rückkehr zur Erde nicht vorgesehen war, erschütterte ihre frühe Todesnachricht die Menschen. Dennoch galt Laikas Mission als Erfolg, denn die Erkenntnisse aus Sputnik 2 ebneten den Weg für die bemannte Raumfahrt. Und sie zeigten der Welt, wer in Sachen Raumfahrt die Nase vorn hat. Denn im Wettlauf mit den Amerikanern um die Eroberung des Weltraums hatte die Sowjetunion bereits vier Wochen vor Laikas Mission ihren ersten Satelliten erfolgreich ins All gestartet.

Während der ersten Minuten nach dem Start meldeten die Sensoren, dass Laikas Puls auf den dreifachen Wert des Ruheniveaus stieg. Nachdem sie die Schwerelosigkeit erreicht hatte, sank ihr Puls wieder; allerdings dauerte das dreimal so lange wie bei den Tests am Boden. Das deutete auf hohen Stress hin. Nach etwa fünf bis sieben Stunden Flugzeit wurden aus dem Raumflugkörper keine Lebenszeichen mehr empfangen.

Kartoffelstärke für den Petticoat

Während wir uns in der Tanzveranstaltung der Jugendherberge im Hüftschwung des Lipsis den Mädels näherten, schmiedeten unsere Mütter daheim bereits Festtagspläne und debattierten mit Freundinnen und Nachbarinnen über unsere passende Garderobe. Wer dabei dem begrenzten jugendgerechten Angebot in den HO-Verkaufsstellen entgehen wollte, ließ schneidern oder schneiderte selbst. Die „Pramo" (Praktische Mode) aus dem „Verlag für die Frau" enthielt in jeder Ausgabe Schnittmusterbogen, die unsere Mütter für solche Zwecke sorgsam aufbewahrten.

Zugegebenermaßen war das Schneidern für die Mädels einfacher und zudem viel spannender als für uns Jungen. Für sie konnte der hellblaue Dederonstoff aus dem VEB „Wilhelm Pieck" in Rudolstadt hervorgeholt werden, den die Mutter bereits im Vorjahr auf Tipp der Nachbarin erstanden und für den bedeutsamen Anlass weggelegt hatte. Das Problem: Die Mädchen bestanden auf Petticoats. Die waren zwar im Westen gerade total angesagt, in der DDR hingegen echte Mangelware. Also musste auch hier selbst Hand angelegt werden. Aus einem Leinenlaken entstand ein Stufenrock, der dann mit Kartoffelstärke gesteift wurde. Die Tragödie bestand darin, dass die Kartoffelstärke wie wild raschelte, man sich also damit möglichst nicht bewegen sollte. Eigentlich ging nur seichtes Schweben. Und wehe, es regnete, dann klatschte die Kartoffelstärke zusammen und der Petticoat war verschwunden. Nein, leicht hatten es die Mädchen damals nicht.

Die Jugendweiheurkunde.

Jugendweihe. Junge Damen nach der feierlichen Überreichung der Urkunde und des Buches „Weltall Erde Mensch".

Ja, das geloben wir

Festlich gekleidet für den großen Moment standen wir auf der Bühne des Kultursaals des Patenbetriebes. Mit schwitzenden Händen, immer darauf bedacht, dass die Krawatte ordentlich sitzt, und, bei den Mädchen, der neue Dederonstrumpf ja keine Laufmasche zieht. Dann die Aufforderung zum Gelöbnis, vorgetragen zumeist von einer bekannten Persönlichkeit des Heimatorts: „Seid ihr bereit, als treue Söhne und Töchter unseres Arbeiter-und-Bauern-Staates für ein glückliches Leben des ganzen deutschen Volkes zu arbeiten und zu kämpfen, so antwortet mir: Ja, das geloben wir! Seid ihr bereit, mit uns gemeinsam eure ganze Kraft für die große und edle Sache des Sozialismus einzusetzen, so antwortet mir: Ja, das geloben wir! Seid ihr bereit, für die Freundschaft der Völker einzutreten und mit dem Sowjetvolk und allen friedliebenden Menschen der Welt den Frieden zu sichern und zu verteidigen, so antwortet mir: Ja, das geloben wir!"

Anschließend gab es „Unsere Welt von morgen" beziehungsweise „Weltall Erde Mensch" sowie einen kleinen Blumenstrauß, überreicht von Jungen

Diese Abzeichen gab es für „Gute Arbeit in der Schule".

Pionieren. Eltern und Verwandte steckten uns später noch den einen oder anderen Geldschein zu. Unsere Jugendweihefeier war ein schönes Familienfest mit Geschwistern, Eltern, Tanten, Onkeln und weiteren Gästen. Getanzt wurde zu Musik von Bärbel Wachholz, Helga Brauer und Hans-Hendrick Weding. Die Eltern kredenzten allerlei Gaumenfreuden. Dazu gab es selbstgemachte Bowle, in manchen Familien vielleicht sogar eine Flasche Rotkäppchensekt. Und wir standen im Mittelpunkt. Das war ein schönes Gefühl.

Gut organisiert

Die DDR, das war eine große Gemeinschaft, deren kleinste Zelle die Familie bildete. So proklamierte es die Politik und so funktionierte auch unser Leben. Viele der Frauen waren im Demokratischen Frauenbund Deutschlands (DFD) und wie auch unsere Väter in der Deutsch-Sowjetischen Freundschaft (DSF) und im Deutschen Turn- und Sportbund (DTSB) organisiert. Wir selbst gehörten zunächst der Pionierorganisation und später der Freien Deutschen Jugend an. In der Schule bildeten wir ein Klassenkollektiv, später im Betrieb konnten wir durch gute Leistungen den Titel „Kollektiv der sozialistischen Arbeit" erkämpfen. Wir waren Mitglieder des Freien Deutschen Gewerkschaftsbundes (FDGB) und ansonsten in Parteien oder der Kirche organisiert und engagiert. Als Schüler sangen wir im Chor, turnten in der Sportgemeinschaft und blieben auch am Nachmittag, wenn die Eltern noch arbeiteten, in Hort und Hausgemeinschaft wohlbehütet. Gegenseitige Rücksichtnahme lernten wir bereits im

Kindergarten. Das Wissen, dass sich aus dieser Gemeinschaft Kraft schöpfen lässt, hat uns in all diesen Jahren begleitet. Wir fühlten uns gut aufgehoben und sicher.

Heißer Kakao, Schinkenstulle und Tagesschau

Für uns DDR-Kinder und -Jugendliche galt die Regel, der Westen ist tabu. Das betraf natürlich insbesondere das Westfernsehen. Einige Regionen unseres Landes, wie zum Beispiel der Raum Dresden, kamen mangels Empfang gar nicht in Versuchung. Von allen anderen wurde Standhaftigkeit erwartet. Besonders von den Berlinern, die die innerdeutsche Grenze als Sektorengrenze unmittelbar vor der Haustür hatten. Unsere Eltern schienen das in Ordnung zu finden. Auch, dass Tante Franze, die nur drei Häuserblocks weiter wohnte, nun auf einmal Westberlinerin war. Sind wir also mit der Großmutter heimlich bei Tante Franze zu Besuch gewesen. Großmutter sah das nicht so eng, wollte sich aber auch nicht mit der Mutter anlegen. Deswegen heimlich. Natürlich kamen wir nicht mit leeren Händen. Eier und Butter vom Umlandbauern im Gepäck, trafen wir die Westtante in Negligé und mit Lockenwicklern an, gerade dabei, sich die Nägel zu lackieren. Und zwar in einem schimmernden Farbton, wie wir ihn bei der Mutter noch nie gesehen hatten. Das war er also, der angeblich goldene Westen. Onkel Fredi verkörperte ihn auf seine Weise, wie er so in seinem Samtlehnsessel thronte und genüsslich an seiner HB zog. Der Onkel hatte in den Wirtschaftswunderjahren eine Arbeit bei Siemens und so musste die Tante nicht arbeiten. Tante Franze kochte Bohnenkaffee und Kakao, reichte dazu Weinbrandbohnen ohne Kruste und Schokolade in hübschem, goldenem Papier. Eine echte Herausforderung für einen Thälmannpionier, der schließlich wusste, was für eine korrupte Gesellschaftsform der Kapitalismus verkörperte. Einmal ist kein Mal und wie köstlich waren Kakao und Schokolade.

„Für erfolgreiche Arbeit" in Pionierorganisation und FDJ wurden Schüler mit diesem Abzeichen geehrt.

11. bis 14. Lebensjahr

Bei Tante Franze im Bad duftete es so großartig, anders als bei uns zu Hause, wo der Kohleofen immer qualmte. Vieles war dort anders, und so bunt. Auf der Straße gab es Automaten. Mit den geschenkten Westgroschen der Tante konnte man daraus entweder einen Ring oder einen Kaugummi hervorzaubern. Den wertvollen Kaugummi haben wir zu Hause in Zuckerwasser eingelegt. Auf diese Weise hielt er eine ganze Woche lang. Tante Franze hatte der Oma dann noch einen Lippenstift und Perlonstrümpfe mitgegeben. Keine neuen, sondern welche mit Laufmaschen, die wir dann zum Maschenaufnehmen brachten.

Heinz Quermann und Tausend Tele-Tips

Das waren sie also, Herbert Köfer, Heinz Quermann und Gustav Müller, die Conférenciers der Sendung „Da lacht der Bär". Jetzt bekamen wir sie zum ersten Mal im gerade erworbenen Fernsehgerät aus dem volkseigenen Betrieb Rundfunk und Fernsehen zu Gesicht. Vater musste immer mal wieder aufstehen, um den Bildempfang zu regulieren. Aber das störte uns nicht. Später dann gehörten bestimmte Sendungen zu unseren täglichen und wöchentlichen Ritualen. „Tausend Tele-Tips" zum Beispiel. Pünktlich 18.30 Uhr schaltete Mutter das Fernsehgerät ein, wenn Gisela Matzke die einzige DDR-Werbesendung moderierte. Ja, hier wurden Wünsche geweckt. Auf Stern-Kofferradios, Florena-Creme, Badusan-Duschbad, Perlodont-Zahncreme und vieles mehr.

An den Samstagen gab es zwischendurch Zeichentrickfilme: „Bolek und Lolek" aus Polen, „Arthur der Engel" aus Ungarn sowie „Hase und Wolf", der mit seinem berühmten russischen „nu pogodi" nicht nur Kinder verzauberte. Kein Vorabendprogramm ohne sinnvolle Hinweise. Die kamen von Theo zum Arbeitsschutz, Kundi zur Gesundheitsvorsorge und Feuerwehrmann Fix zum brandschutztechnischen Verhalten.

Unsere Väter gesellten sich zu uns, wenn Klaus Feldmann die Nachrichten des Tages verlas. Wenn danach allerdings Willi Schwabe mit seiner Laterne in der Hand zum „Tanz der Zuckerfee" aus „Der Nußknacker" über eine knarrende Treppe auf den Dachboden hinaufstieg, um aus seiner „Rumpelkammer" alte Filmausschnitte zu zeigen, zogen wir uns liebend gern zurück. Die alten Herz-Schmerz-Schmonzetten waren nichts für uns. Wir interessierten uns mehr für die samstägliche Flimmerstunde, in der Professor Flimmrich DEFAKinderfilme wie „Zwerg Nase" oder „Das kalte Herz" zeigte.

Unsere jüngeren Geschwister konnten ohne das Sandmännchen nicht ein-schlafen. Dass es nur entstanden war, weil das Westfernsehen auch einen Abendgruß plante, wussten wir damals nicht. Auch nicht, dass es den Ost-West-Wettlauf gewonnen hatte und 1959 genau eine Woche vor dem soge-nannten Westsandmann auf Sendung ging. Für uns war es einfach nur das Sandmännchen.

DDR-Gaumenfreuden – bis heute ein Genuss

Ursprünglich zur Versorgung der Bevölke-rung mit Vitamin C geschaffen, erfreute sich die seit 1954 patentierte Vita Cola großer Beliebtheit als Erfrischungsgetränk. Die Geschmacksrichtung des von Oskar Heinicke entwickelten Getränks war in den 1950er-Jahren in Deutschland gut bekannt und erinnerte an die bis zum Kriegsende in Apotheken und Kolonialwarenläden vertriebenen vitaminhaltigen Sirupsäfte auf Agrumen-Basis. 1967 kam mit der Club-Cola die zweite große DDR-Cola auf den Markt. Halloren-Kugeln aus der ältesten bis heute produzierenden Schokoladenfabrik Deutschlands in Halle an der Saale erfreuen unsere Gaumen genauso bis heute wie der aus Freyburg an der Unstrut stammende Rotkäppchen-Sekt. Der Begriff „Broiler" beziehungs-weise „Goldbroiler" stand ab 1961 für ein besonders fleischiges Masthuhn, dass nach dem Grillen verspeist wurde. Dazu gab es Spreewald-Gurken, Werder-Ket-chup oder Bautzener Senf.

DDR-Cola-Etiketten.

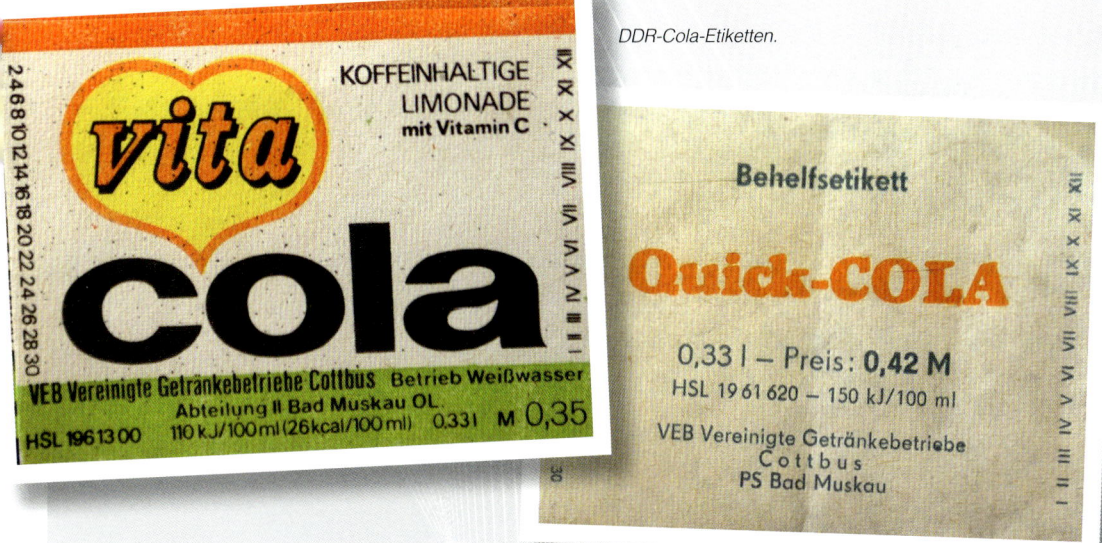

11. bis 14. Lebensjahr

Auf dem Weg zum Ernst des Lebens

Wohlstand in der DDR: TV und Trabant

Es war die Zeit des „Weißen Hollunders", auch die von „Wochenend und Sonnenschein ...", in der man nicht mehr brauchte zum Glücklichsein. Radio Luxemburg und Deutschlandfunk spielten die Ohrwürmer für Ost und West hoch und runter. Wir ließen uns anstecken von der Lebensfreude und fühlten uns glücklich. Auch bei unseren Eltern rückten die mageren Nachkriegszeiten langsam in Vergessenheit. Die 60er-Jahre begannen verheißungsvoll. Immer mehr Bürger erhielten über betriebliche Kontingente die Möglichkeit, ein Fernsehgerät oder den PKW Trabant zu bestellen. Beides Ausdruck des neuen sozialistischen Wohlstands. Anfänglich gab es für den begehrten fahrbaren Untersatz in weiß, grau oder blau nicht mal lange Wartezeiten. Die mussten erst später in Kauf genommen werden.

Chronik

14. April 1960
Die Kollektivierung der Landwirtschaft in der DDR wird abgeschlossen und als „endgültiger Sieg der sozialistischen Produktionsverhältnisse auf dem Lande" bewertet.

15. Juni 1961
Walter Ulbricht erklärt auf einer Pressekonferenz: „Niemand hat die Absicht, eine Mauer zu errichten."

13. August 1961
Die Staatsgrenze der DDR zur BRD wird geschlossen.

1. September 1961
Die FDJ startet eine Aktion gegen nach Westen gerichtete Fernsehantennen.

17. September 1961
Bei den Kommunalwahlen stimmen 99,96 Prozent der DDR-Bürger für die Einheitsliste der Nationalen Front.

24. Januar 1962
Die DDR-Volkskammer beschließt das Gesetz über die allgemeine Wehrpflicht, die auf 18 Monate festgelegt wird.

18. September 1962
Das Presseamt der DDR-Regierung bestätigt „Schwierigkeiten bei der Versorgung mit Fleisch, Wurstwaren, Milch und Eiern" und, dass der „Übergang von der individuellen zur genossenschaftlichen Viehwirtschaft teilweise zu Verlusten geführt hat".

29. April 1963
Vier Ostberlinern gelingt die Flucht in den Westen. Sie durchbrechen die Mauer mit einem NVA-Laster.

23.–26. Juni 1963
Präsident Kennedy besucht die BRD und hält in West-Berlin seine berühmte Rede mit den Worten: „Ich bin ein Berliner."

1. August 1964
Neue Banknoten „Mark der Deutschen Notenbank" werden ausgegeben.

1. September 1964
Rentner dürfen einmal jährlich in die BRD und nach West-Berlin reisen und können auch zur Familienzusammenführung in die BRD umziehen.

Walter Ulbricht im Studio der „Aktuellen Kamera" des Fernsehens der DDR am 20. August 1961.

Nicht allein über das Fernsehen nahmen wir verstärkt Anteil an den Geschehnissen in der DDR und der Welt. Auch über die Tageszeitungen. Vater las das „Neue Deutschland", wir die „Junge Welt", Mutter meist die Regionalpresse. Angesichts ihrer Spottpreise stellten Zeitungen keine finanzielle Hürde dar. Außerdem brachten wir die Zeitungsbündel am Monatsende zum Altstoffhändler, so kamen wieder ein paar Pfennig zurück.

Auch die stark subventionierten Bücher waren nicht teuer und Kinder- und Jugendbücher gab es eine Menge. Deutsche, russische, nordische. Wir lasen zum Beispiel „Pelle der Eroberer", „Timur und sein Trupp", „Wie der Stahl gehärtet wurde". Zeitschriften wie das beliebte „Mosaik" mit den Digedags machten so lange die Runde, bis sie ganz abgegriffen waren. Weiterverliehen wurden Bücher und Zeitschriften nicht aus finanziellen Gründen, sondern eher aus Gründen des Mangels. Denn wer ein derart rares Stück wie das „Mosaik" oder ein „Neues Leben" oder gar „Das Magazin" ergattert hatte, reichte es eben weiter, damit viele etwas davon hatten.

Fidel Castro und die Internationale Gartenbauausstellung

„Neues Deutschland" und „Junge Welt" berichteten, dass vollbärtige Revolutionäre im fernen sozialistischen Bruderland Kuba eine von der CIA geplante Invasion verhinderten. Viel näher dran, in Erfurt, eröffnete die erste Internationale Gartenbauausstellung sozialistischer Länder ihre Pforten. Und unmittelbar vor unserer Haustür versicherte Walter Ulbricht der Presse, dass niemand die Absicht habe, eine Mauer zu errichten. All das waren Ereignisse, die inzwischen nicht mehr spurlos an uns vorübergingen. Wir brannten darauf, darüber zu reden, uns auszutauschen, teilzuhaben an den Geschehnissen in der Welt, wenn es auch nur unsere kleine, etwas eingeschränkte Welt war. Wie zum Beispiel die unserer FDJ-Gruppe. Natürlich wurde dort die CIA-Invasion gegen Kuba scharf verurteilt und die IGA als großartige Errungenschaft beim Aufbau des sozialistischen Staates gewürdigt. Und besonders diejenigen unter uns, die in der geteilten Stadt Berlin lebten, wollten auch darüber reden.

Mit selbst gestrickten Mützen, Handschuhen und Pullovern auf der Piste.

Viele Fragen verlangten nach Antworten. Zum Beispiel: Ist der Schüler aus dem Westteil der Stadt nun ein Klassengegner oder ist er es nicht? Kann man in Westberlin ins Kino gehen oder wäre das möglicherweise Verrat? Brauchen wir einen Staatsschutz oder nicht? Was passiert, wenn weitere gut ausgebildete DDR-Spezialisten in den Westen abwandern? All das bewegte unsere jugendlichen Gemüter und nicht immer überzeugten uns die Antworten der Funktionäre vollständig. Und wer Hitchcocks „Psycho" auf der Leinwand sehen wollte, der konnte dies halt nur in Westberlin. Ob das nun politisch ganz korrekt war oder nicht.

Der Schwarze Kanal

Mit dem am 21. März 1960 erstmals vom Deutschen Fernsehfunk ausgestrahlten Schwarzen Kanal sollten der DDR-Bevölkerung die Lügen des Klassenfeindes aufgezeigt werden. Chefkommentator Karl-Eduard von Schnitzler ging es dabei auch um die Richtigstellung angeblich verdrehter und falsch dargestellter Tatsachen. Der Sendeplatz war gut gewählt: Montags um 21.30 Uhr, nach Aktueller Kamera und dem beliebten Montagsfilm mit Hans Moser, Theo Lingen oder Marika Rökk.

In stets beißend sarkastischem Ton vermittelte von Schnitzler seinen Zuschauern die offizielle DDR-Sicht auf die Verhältnisse im kapitalistischen Nachbarland. Das geschah vor allem durch das Zeigen und scharfe Kommentieren von Ausschnitten aus dem West-Fernsehen. Zu Beginn der 1960er-Jahre galt die Sendung in einigen Bereichen als eine Art Pflichtveranstaltung. So wurde der Inhalt des Schwarzen Kanals zum Beispiel im Politunterricht bei der Nationalen Volksarmee, speziell auch bei den Grenztruppen, und im Staatsbürgerkundeunterricht in der Schule verwendet. Die Machart setzte allerdings oft voraus, dass man die kommentierten Sachverhalte kannte beziehungsweise die Beiträge im Original gesehen hatte.

Erweiterte Oberschule

Wer später einmal studieren wollte, hatte nach der achten Klasse von der polytechnischen Oberschule in die erweiterte Oberschule (EOS) zu wechseln. Allerdings waren die EOS-Zulassungen zahlenmäßig beschränkt. In der Regel

15. bis 18. Lebensjahr

Abschlusszeugnis der zehnklassigen allgemeinbildenden polytechnischen Oberschule.

auf zwei bis vier Schüler pro Klasse. Entscheidend für diese Delegierung waren neben den schulischen Leistungen auch das gesellschaftliche Engagement in der FDJ sowie der spätere Berufswunsch. Wer sich dafür entschied, Offizier der NVA oder Lehrer zu werden – Zweige, für die immer dringend Studienbewerber gesucht wurden – erhöhte damit seine Chancen auf einen der begehrten Abiturplätze. Zudem sollten, so wollte es der Staat, bevorzugt Arbeiter- und Bauernkinder zum Abitur geführt werden.

Berufsausbildung mit Abitur

Ganz neu eingeführt hatte der sozialistische Staat die Berufsausbildung mit Abitur. Deren Prinzip lautete: Schule und praktische Ausbildung im Wechsel. Mit dem Abschluss war man dann zum Beispiel Maurer mit Abitur und hatte gleichzeitig ins richtige Berufsleben hineingeschnuppert. Als Lehrling bezog man ein Lehrlingsentgelt – neben den Ferien- und Aushilfejobs unser erstes selbst verdientes Geld.

Verweilen wir einen Augenblick beim Beispiel des Maurers mit Abitur – ein Beruf, den Jungen und Mädchen gleichermaßen erlernten.

Beurteilung auf dem Zeugnis.

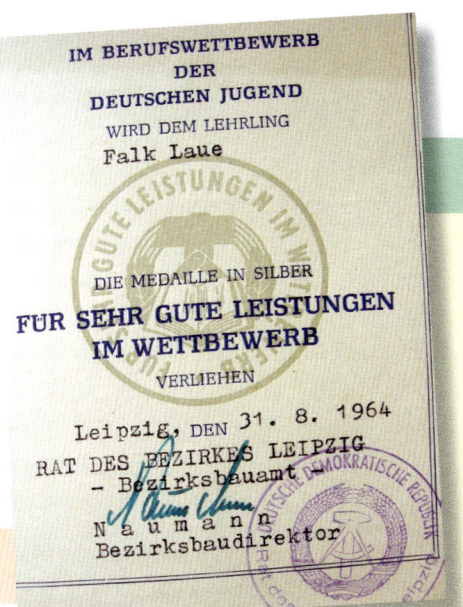

IM BERUFSWETTBEWERB
DER
DEUTSCHEN JUGEND
WIRD DEM LEHRLING
Falk Laue

DIE MEDAILLE IN SILBER

FÜR SEHR GUTE LEISTUNGEN
IM WETTBEWERB
VERLIEHEN

Leipzig, DEN 31. 8. 1964
RAT DES BEZIRKES LEIPZIG
- Bezirksbauamt
Naumann
Bezirksbaudirektor

Herausragende Leistungen der Jugend
im Berufswettbewerb wurden geehrt.

Da standen wir nun am ersten Tag unserer Berufsausbildung. In einem neuen Klassenkollektiv, das unser Lehrmeister in Lernaktivs einteilte. Für je zehn Lehrlinge stand uns ein Lehrmeister zur Seite, um uns von der Pike auf sämtliche für den Beruf notwendigen Handgriffe und Kniffe beizubringen. Mit dem Lernaktiv ging es hinaus auf die Baustelle. Dort haben wir mehrere Tage hintereinander gemauert und verputzt. Jungen wie Mädchen. Das alles nicht etwa probehalber, sondern an dem Neubau, den unser Baubetrieb gerade errichtete. Im Wechsel zur praktischen Arbeit auf der Baustelle drückten wir die Schulbank. Mit identischem Abiturklassenpensum wie unsere Gefährten an den erweiterten Oberschulen plus zusätzlichen Fächern: Baustoffkunde, Technologie und technisches Zeichen zum Beispiel. Das funktionierte so: Während der drei Schulwochen absolvierten wir die normalen Unterrichtsstunden sowie die Theoriestunden unserer Ausbildungs-richtung. Anschließend ging es eine Woche hinaus auf die Baustelle. Die Doppelbelastung steckten wir mit dem Wissen weg, nach drei Jahren nicht nur unser Abitur in der Tasche zu haben, sondern noch zusätzlich einen Berufsabschluss. Und noch etwas verbuchten wir damit auf der Habenseite: die vergleichbar besseren Aussichten auf einen Studienplatz. Weil wir nämlich nicht mehr als reine Theoretiker galten.

Unsere späteren Dozenten schätzten es, wenn ihre Zöglinge schon einmal in ihrem jungen Leben richtig zugepackt hatten. Schließlich waren wir diejeni-gen, die morgens um vier Uhr aufstanden und sich auf ihr Fahrrad in Richtung Baustelle schwangen, um dann nach der Schicht, am späten Nachmittag, noch die Hausaufgaben aus der Schule zu erledigen. Das verschaffte uns Achtung an den Unis und Hochschulen.

Für den besten Lehrling des Lernaktivs gab es diese Medaille.

 15. bis 18. Lebensjahr

XV. Friedensfahrt

Die XV. Internationale Friedensfahrt führte
1962 von Berlin über Prag nach War-
schau. In 14 Etappen waren 2407 Kilometer zu bewältigen. Gesamtsieger wurde
Gainan Saidchushin aus der Sowjetunion.

Anlässlich dieser Friedensfahrt berich-
tete die „Sport im Bild": Man muß es
erlebt haben. Schon seit vielen Jahren
treffen sich auf den Straßen der Friedensfahrt die Radsportler der Länder des
Sozialismus und die Radsportler der
kapitalistischen Staaten. Sowohl wir als
auch sie wollen dadurch beweisen, daß
der Sport vereint, daß durch den Sport
und durch den edlen und ritterlichen
Kampf auf den Landstraßen die Verstän-
digung zwischen den Völkern erreicht
werden kann. Engländer, Belgier,
Holländer und Franzosen beteiligen sich
schon seit mehreren Jahren an unserer
Friedensfahrt. Sie kommen immer gern zu
uns, man muß es einmal gesehen haben,
wie sie jedes Mal wieder herzlich ihre
alten Bekannten begrüßen und wie
diejenigen, die zum erstenmal bei uns

*Wir eiferten unseren großen Idolen nach und
zeigten unsere Leistungen bei der Kleinen
Friedensfahrt, 1961 in Altenburg.*

sind, ebenso herzlich neue Bekannt-
schaften mit uns schließen. Unter den
Vertretern aus 21 Ländern Europas und
Afrikas fehlten auch diesmal die Sportler
der Deutschen Bundesrepublik. Wie
typisch ist das für die heutige Zeit! Die
Tatsache, daß unter den Friedensfahrern
keine Fahrer aus der Deutschen Bundesrepublik vertreten sind, beweist, dass die
westdeutsche Regierung auf jedem
Schritt bemüht ist, Haß zwischen den
Völkern auf jedem Gebiet des Lebens zu
schüren und sogar durch den Sport
versucht, internationale Konflikte zu entfa-
chen. (Sport im Bild, Sondernummer zur
XV. Friedensfahrt, Herausgeber: Sportver-
lag, Berlin W8)

Friedensfahrtcomic.

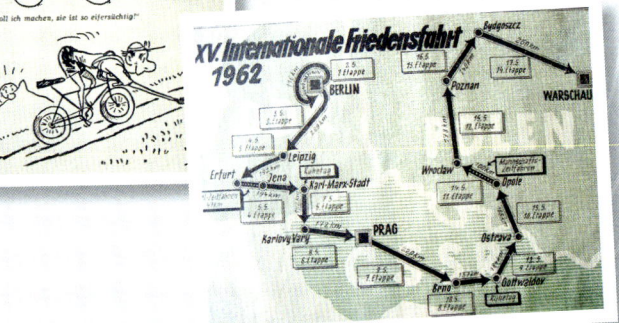

*Auch die Sonderausgabe
anlässlich der XV. Internationalen Friedensfahrt gehört zu
den Erinnerungen.*

*Aus der Zeitung ausgeschnitten
und sorgsam bis heute aufbewahrt
– der Streckenplan der XV.
Internationalen Friedensfahrt.*

Zwischen Lehrlingswohn- heim und Betriebskantine

Die Lehrausbildung bescherte uns die ersten Berührungen mit der realen Arbeitswelt – mit der Brigade und ihren Gepflogenheiten, mit dem Schichtbetrieb. Auch mit dem Lehrlingswohnheim, in dem viele von uns unterkamen, wenn der Ausbildungsbetrieb nicht am Heimatort lag. Diese Selbstständigkeit fühlte sich noch ganz neu an. Wir genossen sie. Trotz des strengen Wohnheimregimes, das sich Heimordnung nannte und über Gebote verfügte. Erstes Gebot: Strikte Einhaltung der Ruhezeiten. Nächstes Gebot: Ordnung im Zimmer. Die wurde vom resoluten Heimleiter kontrolliert. Dann natürlich das Gebot: Die Mädchen gehören ins Mädchenzimmer, die Jungen ins Jungenzimmer. Erst recht ab 22 Uhr. Dieses Gebot zu umschiffen, war am aufregendsten. Denn es bedurfte eines ganzen Repertoires an Kniffen und Tricks, um an den Argusaugen unserer Aufpasser vorbei zu später Stunde aus dem Fenster zu klettern, um in ein anderes wieder einzusteigen. Wenn die Mitwisser schwiegen, wurden sie mit pikanten Details des Stelldicheins belohnt. Auch Liebeskummer war dann eine kollektive Angelegenheit.

Tagsüber wurden wir in der Betriebskantine versorgt. Zum Frühstück mit Bockwurst mit Brötchen beziehungsweise belegten Broten für 25 Pfennig das Stück. Tee und Muckefuck (Malzkaffee) gab es kostenlos, Bohnenkaffee tranken wir damals noch nicht. Fürs Mittagessen erwarben wir am Montagmorgen die durch den betrieblichen Kultur- und Sozialfonds gestützten Essenmarken. Für 50 Pfennig pro Gericht. Gekocht wurde in der Betriebsküche – Eintöpfe aller Art von Kohlrüben bis zu Möhren, Kartoffelbrei mit Leber, Buletten, manchmal auch Kotelett, regelmäßig Milchreis. Total verrückt waren wir nach Bratkartoffeln mit Fischstäbchen. Als Nachtisch gab es einen Apfel, eingekochten Rhabarber, manchmal Rote Grütze. Getränke zum Mittagessen waren nicht üblich.

Breite Gürtel und tiefe Ausschnitte

Auch außerhalb von Arbeit und Schule gestaltete sich unser Leben bewegt und spannend. Zum guten Ton gehörte in jenen Jahren die Tanzstunde. Eingewiesen in die Welt der verführerischen Schritte wurden wir von ausgebildeten Tanzpädagogen, nicht selten von Profis, wie etwa ehemaligen DDR-Meistern im Turniertanz. Anlässlich der Tanzstunde tauschten wir Niethosen, Campinghemd und Anorak noch einmal gegen den Jugendweiheanzug. Anfänglich bewegten wir uns mehr schlecht als recht zu Fox, Walzer und Polka des Pianospielers. Rock 'n' Roll war politisch nicht korrekt und wurde demnach nicht einstudiert. Der gerade aufkommende Twist hingegen schon. Als Belohnung aller Mühen wartete ein glänzendes Fest – der Tanzstundenabschlussball. Was für ein berauschendes Gefühl, quer durch den Saal Polka zu tanzen, unsere Eltern und Verwandten mit staunenden Blicken an den Tischen ringsherum wissend.

Die Mädchen schienen die Tanzstunde dafür auserkoren zu haben, uns mit ihrem Hüftschwung, betont durch den bunten Rock, ordentlich den Kopf zu verdrehen. Auch die Popelinekleider mit den breiten Gürteln und den tiefen Ausschnitten waren zweifelsohne Hingucker. Und sie veranlassten uns, die Partnerin bei den langsameren Bewegungen etwas näher als unbedingt erforderlich an uns heranzuziehen.

Tanzveranstaltung im Ferienlager.

Die Berliner Mauer

Nach Ende des Zweiten Weltkrieges führten die Westmächte, unter Führung der USA, und der Ostblock, unter Führung der Sowjetunion, den Kalten Krieg. Mit allen verfügbaren Mitteln wurden über Jahre auf beiden Seiten Anstrengungen unternommen, das jeweils andere Lager zurückzudrängen und dessen Einfluss einzudämmen. Der Konkurrenzkampf zeigte sich vor allem im Wettrüsten, zielte aber auch auf Wirtschaft, Wissenschaft, Kultur und Sport. Ein speziell deutsches Problem stellte die Abwanderung von gut ausgebildeten Fachkräften aus der sowjetischen Besatzungszone und späteren DDR in den Westen dar, die die junge DDR langsam ausbluten ließ.

Der Westen stabilisierte sich, im Osten hingegen wurde vor allem die Versorgungslage immer instabiler und kritischer. In der Nacht zum 13. August 1961 begannen NVA, Angehörige der Deutschen Grenzpolizei, der Schutzpolizei und der Kasernierten Volkspolizei sowie der Betriebskampfgruppen der DDR die Straßen und Gleiswege nach Westberlin abzuriegeln. Damit begann der Bau der Berliner Mauer – eines der wichtigsten Symbole des Kalten Krieges und der Teilung Deutschlands.

An der Mauergrenze in Ostberlin wurden die Fenster zugemauert, um den Blick in Richtung Westen zu verhindern.

Zum ersten Mal geküsst

Der erste Kuss. Eigentlich war er mehr peinlich als erotisch. Zur Tat schritten wir, nachdem wir das auserkorene Mädel in guter Manier nach Tanzstunde, Klassenfeier oder FDJ-Nachmittag nach Hause begleiteten. Zugegeben, es kostete Mut, aber es musste schließlich auch sein. Angeblich hatten die Kumpels alle schon mal ... und da hieß es, mitzuhalten, um mitreden zu können. Und irgendwie spürten wir, dass sich die Mädels in der gleichen Klemme befanden. Auch deren Freundinnen hatten angeblich alle schon mal. Diese Gunst der Stunde galt es zu nutzen. Im Halbdunkel vor der Haustür, als beide wussten, jetzt passiert es. Und als es dann passiert war, konnten wir immerhin mit stolzer Brust den Heimweg antreten. Die Mädels würden wenig später der besten Freundin erzählen, dass sie sich das alles ganz anders vorgestellt hätten, irgendwie rührender, wie beim Prinzen eben. Und das gehauchte „Ich liebe dich", das wir irgendwie als dazugehörend empfanden und dem Kuss deshalb hinterherschickten, das würde dem späteren Bericht an die Freundin noch die notwendige Würze verleihen. „Er hat gesagt, dass er mich liebt. Na, was sagst du jetzt?" Allein schon die neidvollen Blicke der Freundin waren den Mädels all das wert.

Oft genug waren es die Mädels selbst, die die besonders Schüchternen unter uns Jungen an die Hand nehmen mussten. Etwa, indem sie sich während der Nachtwanderung mit der FDJ-Gruppe eng an uns schmiegten, um damit ihre angeblich extremen Ängste im Dunkeln zu überwinden. Als sie dann unterm Haselnussstrauch, wo wir auf der Pirsch lagen, zu schmusen begannen, da ging uns endlich das alles entscheidende Licht auf: „Aha, so geht das also ..."

Kuscheln mit dem „Augenzeugen"

Trotz Fernsehgerät ließen wir uns die regelmäßigen Kinobesuche nicht nehmen. Natürlich immer darauf bedacht, P 18-Filme zu ergattern. Dann wurde gewartet, bis im Kinosaal die Lichter erloschen, der Vorfilm begann und die Kartenabreißerin sich endlich von der Eingangstür entfernte. Dann hieß es, schnell und unbemerkt in den Saal zu schlüpfen. Und sich dabei natürlich nicht erwischen zu lassen. Begeistert haben uns die Streifen, bei denen auf der Leinwand so richtig die Post abging. Filme mit Brigitte Bardot zum Beispiel. Davor gab es immer den DEFA-Augenzeugen. Bis zur letzten Rubrik, dem Sport, den wir auf keinen Fall verpassen wollten, mussten wir es in den dunklen Kinosaal geschafft haben.

Weniger beeindruckt haben uns Jungen die Liebesschnulzen. Da das Kino allerdings auch einer der wenigen Orte war, wo es sich im Dunkeln mit der Angebeteten gut munkeln ließ, blieb uns oft nichts Anderes übrig. Die Mädels standen nun mal auf diesen Herzschmerz und wir wollten knutschen und fummeln. Und wo sonst hätten wir dazu Gelegenheit gehabt. Zu Hause – keine Chance. Dazu waren unsere Eltern zu streng.

Arbeiten für und ohne Geld

Begriffe wie „Nationales Aufbauwerk" und „Subotnik" gehörten zu unserem Sprachgebrauch wie „Sero", „Spartakiade", „Frauenruheraum" oder „Getränke-stützpunkt". Im Rahmen des Nationalen Aufbauwerks erneuerten wir unter anderem Sportstätten und legten Kinderspielplätze an. Die geleisteten Arbeits-stunden wurden in ein kleines Teilnehmerheft eingetragen und wir rangen darum, einander zu übertrumpfen. Ähnlich funktionierte der Subotnik. Lenin hatte den Begriff geprägt und damit zu freiwilliger, unentgeltlicher Arbeit an den Samstagen oder nach Feierabend aufgerufen. Dass wir uns als Pioniere und FDJler oder bereits Gewerkschaftsmitglieder daran beteiligten, galt als selbstverständlich und wurde nicht gesondert hinterfragt. So selbstverständlich wie die Tatsache, dass diejenigen, die dem kollektiven Arbeitseinsatz fernblie-ben, dafür einen besonders triftigen Grund vorzuweisen hatten.

Beim Subotnik beteiligten wir uns meist an großen Reinigungsaktionen im Patenbetrieb oder auf dem Schulhof.

Imponieren nicht nur vor der Kamera ...

Gewerkschaftlicher Urlaub

Bisher hatten wir mit Urlaub vor allem das Ferienlager sowie die während der schulfreien Zeit regelmäßigen Aufenthalte bei den Großeltern assoziiert. Inzwischen jedoch hatte der Begriff durch die FDGB-Ferienrei-sen eine neue Dimension erreicht. Mit Eltern und Geschwistern fuhren wir ins FDGB- beziehungsweise Betriebs-ferienheim. Hier trafen unsere Väter und Mütter ihre Kollegen. Mit dem Unterschied, dass man sich jetzt auf der lässigen Bikini- und Badehosen-

15. bis 18. Lebensjahr

Sackhüpfen – ein lustiges Gemein-
schaftsspiel nicht nur für Kinder.

Ebene begegnete. Wir trafen – wie
in den Folgejahren auch – unsere
Kumpels aus der Klasse oder dem
Sportverein. Kurz, die meisten von
uns kannten sich. Und diese Tatsache förderte den Gemeinschaftsge-
danken ungemein. Gewollt oder
ungewollt. Beim Baden, Wandern,
vom Betrieb organisierten gemeinsamen Ausflügen, beim Kegela-
bend. Und natürlich beim Essen,
denn unsere Verpflegung erfolgte in
einer der Betriebskantine sehr
ähnlichen Gaststätte des FDGB-
Heims.

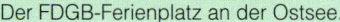

Der FDGB-Ferienplatz an der Ostsee.

Endlich 18

1964. In diesem Jahr war es endlich so weit. Mit der Vollendung des 18. Lebensjahres verabschiedeten wir uns aus der erzieherischen Verantwortung unserer Eltern. In diesem Jahr beendeten wir die Erweiterte Oberschule beziehungsweise bereits die Berufsausbildung. In diesem Jahr durften wir von Rechts wegen heiraten und in Parteien eintreten. Zuvor aber wurden uns zu Jahresbeginn neue Personalausweise ausgehändigt, erstmalig mit dem zusätzlichen Vermerk „Bürger der Deutschen Demokratischen Republik". Erstmalig bekamen die männlichen Zwölfklässler unter uns mit der Einführung des Wehrdienstes ohne Waffe die Gelegenheit, als sogenannter Bausoldat zu dienen. Na ja, und das heimliche ins Kino schleichen wurde mit dem magischen Geburtstag auch legalisiert.

Wir hatten uns auf diesen Tag gefreut. Wohl auch, weil wir uns um unsere Zukunft nicht sorgten. Schließlich wusste jeder von uns bereits seit der letzten Zeugnisausgabe, wie seine weiteren Schritte aussahen. Studienplatz beziehungsweise Lehrstelle standen fest, die finanziellen Regelungen wie Stipendium oder Lehrlingsentgelt waren ohnehin staatlich geregelt. Wir konnten uns also voll und ganz darauf konzentrieren, jetzt einfach nur erwachsen zu sein.

Nun konnten wir endlich mitreden.